川藏地区节庆旅游资源与产业开发研究

张哲乐 马晓路 孙璐 著

西南交通大学出版社
·成都·

图书在版编目（CIP）数据

川藏地区节庆旅游资源与产业开发研究 / 张哲乐，马晓路，孙璐著. —成都：西南交通大学出版社，2020.3
ISBN 978-7-5643-7317-7

Ⅰ. ①川… Ⅱ. ①张… ②马… ③孙… Ⅲ. ①节日 – 旅游资源开发 – 研究 – 西南地区 Ⅳ. ①F592.77

中国版本图书馆 CIP 数据核字（2020）第 004492 号

Chuanzang Diqu Jieqing Lüyou Ziyuan yu Chanye Kaifa Yanjiu
川藏地区节庆旅游资源与产业开发研究

张哲乐　马晓路　孙　璐　著

责任编辑	孟秀芝
封面设计	墨创文化
出版发行	西南交通大学出版社 （四川省成都市金牛区二环路北一段 111 号 西南交通大学创新大厦 21 楼）
发行部电话	028-87600564　028-87600533
邮政编码	610031
网址	http://www.xnjdcbs.com
印刷	成都蜀通印务有限责任公司
成品尺寸	170 mm × 230 mm
印张	11.5
字数	212 千
版次	2020 年 3 月第 1 版
印次	2020 年 3 月第 1 次
书号	ISBN 978-7-5643-7317-7
定价	68.00 元

图书如有印装质量问题　本社负责退换
版权所有　盗版必究　举报电话：028-87600562

前言

节庆旅游是区域旅游资源深度开发的产物，其发展水平体现了区域旅游产业发展的综合实力。节庆旅游能够有效促进区域旅游资源整合，促进传统文化的保护与传承，促进区域旅游产业结构的调整与优化，进而提升当地旅游产业的整体竞争力，塑造良好的旅游目的地品牌形象。

独特的自然环境和迷人的民族风情造就了川藏地区丰富多彩的节庆文化，只需要参加一次当地的传统节庆活动，就能够在短时间内集中地获得饮食、服装、建筑、体育、游乐、民俗等各种各样的文化体验，这对旅游者来说，具有非常强烈的吸引力；同时，就旅游产品而言，节庆旅游活动也有着很高的性价比。因此，以节庆旅游为抓手，激发文旅产业活力，已经成为四川和西藏建设"文旅强省"的重要发展路径。

川藏地区节庆旅游活动在文化禀赋、资金支持与市场需求方面均具有良好的优势。但作为一种重要的文化旅游产品，川藏地区节庆旅游活动类型多样，产品丰富，管理模式多元，活动项目差异较大，川藏地区节庆旅游产业的发展存在不小的难度。总的来说，目前对于川藏地区节庆旅游资源与产业开发的研究还不够全面和深入，制约了川藏地区节庆旅游产业的健康发展。

本书在前人研究的基础上，结合自身研究与实践的经验，立足川藏地区，从节庆旅游资源的整理和评价、节庆活动与旅游业的互动影响、节庆旅游产业发展的原则和战略、节庆旅游产业的发展规划、节庆旅游产业的运营管理体系和节庆旅游人才培养机制等六个方面开展了研究，希望为川藏地区节庆旅游的理论丰富与产业进步贡献绵薄之力，也希望能够引领学术界不断拓展川藏地区节庆旅游产业的研究领域，包括以川藏地区重点节庆活动为对象的个案研究，川滇藏等共同打造节庆旅游产品的区域节庆旅游产业协同发展研究，中外节庆旅游产业发展的对比研究等。

作为四川省教育厅创新团队项目"四川藏区旅游业与民族节庆资源融合发展创新研究"（项目编号：17TD0027）以及川藏旅游产业竞争力提升协同创新中心项目"川藏地区节庆旅游资源开发研究"（项目编号：17CZZX11）的研究成果之一，本书得到了四川省教育厅和川藏旅游产业竞争力提升协同创新中心的资助。作者在撰写过程中，还得到了西藏自治区旅游发展厅、四川省文化和旅游厅、西藏大学、四川旅游学院等单位的指导和协助，在此向各单位表达衷心的谢意。最后，由于作者水平有限，相关基础资料比较缺乏，书稿中尚有许多不足或疏漏之处，恳请同行专家和广大读者不吝赐教。

张哲乐

2019年6月于成都

目 录

1 绪 论 ·· 1
   1.1 概念和研究范围界定 ·· 1
   1.2 国内研究综述 ··· 10
   1.3 研究的内容和意义 ··· 17

2 川藏地区节庆旅游资源调查 ··· 20
   2.1 川藏地区节庆活动资源统计 ···································· 20
   2.2 川藏地区节庆旅游资源分析 ···································· 20
   2.3 川藏地区节庆旅游活动的主要内容 ·························· 36
   2.4 川藏地区主要节庆旅游项目概况 ····························· 49

3 川藏地区节庆活动与旅游业的互动影响 ·························· 55
   3.1 川藏地区节庆活动对旅游业的影响 ························· 55
   3.2 川藏地区旅游业对节庆活动的影响 ························· 60
   3.3 川藏地区节庆旅游产业的影响 ································ 63

4 川藏地区节庆旅游产业发展原则及战略 ·························· 72
   4.1 川藏地区节庆旅游产业发展原则 ····························· 73
   4.2 川藏地区节庆旅游产业发展战略 ····························· 78

5 川藏地区节庆旅游产业发展规划 ·········· 93
5.1 川藏地区节庆旅游产业发展的定位 ·········· 93
5.2 川藏地区节庆旅游产业的空间布局 ·········· 98
5.3 川藏地区节庆旅游产品开发 ·········· 104
5.4 川藏地区节庆旅游产业营销 ·········· 116

6 川藏地区节庆旅游产业运营管理体系 ·········· 128
6.1 组织和人员管理 ·········· 128
6.2 现场管理 ·········· 137
6.3 赞助与财务管理 ·········· 142
6.4 风险管理 ·········· 148

7 川藏地区节庆旅游人才培养机制 ·········· 154
7.1 川藏地区节庆旅游人才培养机制探索 ·········· 155
7.2 川藏地区节庆旅游人才培养机制构建 ·········· 158

8 结 论 ·········· 174

参考文献 ·········· 175

1 绪 论

伴随着现代旅游业进入"大产业、大融合、大发展"的新常态，以及人们对文化旅游产品需求的日益青睐，旅游目的地对传统节庆旅游活动开发的热潮不减，已成为传播目的地形象和传承地方文化、振兴旅游经济的重要旅游形式。川藏地区拥有众多极具特色的节庆活动资源，较知名的节庆活动有藏历新年、雪顿节、望果节、赛马会、转山节、香浪节、沐浴节、射箭节、燃灯节、驱鬼节等。从文化内涵和活动内容上看，川藏地区的节庆活动资源相比内地更具有原生态的民族特色和文化内涵，是非常有价值的旅游资源。

目前川藏地区节庆旅游产业的发展状况并不令人满意，没有明显起到提升川藏地区旅游产业竞争力、促进川藏地区社会经济文化发展的作用，因此，有必要针对川藏地区旅游业的特点以及民族节庆活动资源的状况，将二者的融合创新发展作为川藏地区旅游业与节庆文化产业协同创新发展的新思路，将川藏地区的传统节庆活动资源与旅游产业开发路径相整合，挖掘川藏地区文化旅游资源，打造基于节庆活动的旅游营销平台，丰富川藏地区目前以观光旅游为主的产品体系和内涵，为川藏地区的全域旅游提供可选择的发展道路，最终推动川藏地区的社会、经济和文化健康快速发展。

1.1 概念和研究范围界定

1.1.1 节庆旅游的概念

关于节庆旅游目前尚没有一个准确的定义，概念界定模糊不清，存在相互包容和混用的情况。从国内的相关研究来看，对节庆旅游内涵和外延的理解有较大分歧，主要表现在对"事件旅游""节事旅游""节庆旅游"等概念的探讨上。国外相关研究中，常把节日（festival）和特殊事件（special event）合为一体进行研究，英文简写为 FSE（festivals and special events），国内学者翻译为"节事"，就相应地出现了事件旅游、节事旅游、节庆旅游等旅游形式（戴光全，保继刚，2003）。

目前广大学者对节庆旅游概念代表性的定义有以下几种。邹统钎（1999）认为，节庆旅游是指以各种节日的庆祝和举办为核心吸引力的一种特殊旅游形式。吴必虎（2001）认为，广义的节庆旅游等同于旅游节事，通常是指一些含有多种旅游项目的事件，包括节日、地方特色产品展览、体育比赛等具有旅游特色的活动或非日常发生的特殊事件；狭义的节庆旅游是指周期性举办的节日等活动，但不包括各种交易会、展览会、博览会、文化、体育等一次性结束的事件。戴光全（2005）也把广义的节庆等同于节事，认为狭义的节庆专指各种节日。黄翔（2004）指出，节庆旅游活动指规模不等、有特定主题、在特定的时间和同一区域内定期或不定期举办，能吸引区域内外大量的游客，不同于人们常规的生活路线、活动和节目的各种节日庆典、集会、交易会、博览会、运动会、文化生活等。徐舟（2005）从狭义节庆的角度来理解节庆旅游，认为节庆旅游只包括目的地根据其资源实际情况，人为策划举办的带有浓郁地方民族文化氛围的节庆旅游活动，不包括传统节庆和特殊事件。

本研究从狭义的角度理解节庆旅游，节庆旅游是由各种节日庆典和特殊事件引发的一种旅游形式，包括传统和人为策划的节日庆典和特殊事件，但不包括个人婚礼、毕业典礼、同学聚会等私人性事件，即那些不能直接产生旅游行为、不具备较高旅游价值的节庆旅游活动类型。节庆旅游产生的初衷往往并不是把节庆旅游活动作为吸引物来满足旅游者日益增长的旅游需求（这是传统旅游的目的），而是为了满足节庆旅游活动举办地在政治、经济、文化与社会生活等诸方面的统筹发展需求、取得区域竞争优势等。然而这些节庆旅游活动通常的确能够激发人们的参与动机或旅游动机。因此，如果需要做区分，则传统的观光度假旅游主要是一种满足型旅游消费，而节庆旅游更加体现出一种"引导+满足"的旅游消费行为特征。此外，由于节庆旅游活动本身的特殊性，与传统旅游者相比，节庆旅游的细分客源市场在旅游动机和旅游行为方面有着自身独特的特征。[①]

1.1.2 研究范围界定

本书的研究范围限于川藏地区的民族节庆，该研究范围的界定包含两个方面：一是地域范围，二是民族范围。在地域方面，川藏地区指整个西藏自治区和四川藏族羌族聚居区，其中四川藏族羌族聚居区包括四川省的甘孜藏族自治州，阿坝藏族羌族自治州，凉山彝族自治州的木里、盐源、冕宁、甘洛、越西县，雅安市的宝兴、石棉、汉源县以及绵阳市的平武、北川等县。在节庆所属的民族方面，仅限于藏族和羌族的节庆旅游活动，不包括在上述地区范围内的汉族以及其他少数民族的传统节庆旅游活动。

1.1.3 川藏地区节庆旅游发展现状

川藏地区有着丰富的自然和人文旅游资源，壮美的雪域风光、迷人的山水、众多的古刹古迹、独特的民族风情文化对众多国内外游客的吸引力与日俱增。川藏地区除了拥有丰富的旅游资源，同时还拥有除全国共度的重大节日之外具有浓郁地方特色和民族文化特色的节日，如藏历新年、西藏拉萨雪顿节、四川甘孜康定情歌国际音乐节等，这是其他地区无法比拟的优势。

2017年西藏自治区累计接待游客2 561.43万人次，比上年同期增长10.6%，实现旅游总收入379.37亿元，同比增长14.7%。[②]西藏自治区的旅游业已逐渐成为当地国民经济的支柱型产业，在带动农牧民增收、脱贫致富上发挥着重要作用，对完善当地经济发展结构、提高居民收入方面都具有非常重要的意义。西藏自治区政府把旅游产业作为西藏的主导

---

① 戴光全，张骁鸣. 节事旅游概论[M]. 北京：中国人民大学出版社，2011：28-29.
② 2017年西藏自治区国民经济和社会发展统计公报[EB/OL]. [2018-04-15]. http://www.tibet.cn/cn/news/zx/201804/t20180415_5644100.html.

产业和特色产业之首，给予了各种技术和经济政策保障，这将大大促进西藏节庆旅游今后的快速发展。中央第六次西藏工作座谈会提出把西藏自治区建设成为"中华民族特色文化保护地和重要的世界旅游目的地"，其中重要发展途径之一就是以节庆旅游为抓手，构建西藏全域旅游的新格局。目前，西藏自治区的节庆旅游已经成为当地旅游业重要的产品链条和宣传平台，对于平抑旅游淡旺季差距、推广西藏民族文化、带动民族地区脱贫致富有极强的促进作用。如冬季西藏一直处于旅游淡季，但2018年藏历新年期间，西藏自治区累计接待国内外游客45.85万人次，同比增长48.2%，取得了西藏旅游发展史上前所未有的深度突破。同时随着游客接待量的翻番增长，西藏的景区入园率和酒店入住率均实现历史性突破，主要酒店入住率大幅提升，平均入住率超过60%，其中国际、连锁酒店入住率高达90%以上，达到近年西藏星级酒店冬季经营史的最高水平。2016年，西藏林芝桃花节的主会场"桃花村"的门票收入达到86.7万元，每位村民年底分红4 850元，西藏林芝本土文化也借助桃花节的平台对外广泛传播。[①]由于节庆活动对旅游业巨大的带动作用，西藏自治区已决定将独具特色的藏族民俗文化融入节庆旅游和主题多样的旅游推介会中，既增加了国内外游客对藏族传统文化的了解，又提高了西藏百姓对自身文化的自信心和自豪感，同时带来了可观的经济收益。

在四川藏族羌族聚居区中，2017年阿坝州全年接待国内外游客2 909.6万人次，实现旅游收入235.72亿元，[②]甘孜州全年接待国内外游客1 668万人次，旅游总收入为166亿元，较2016年分别增长28.1%和27.3%。[③]四川省50%以上的世界级、国家级旅游资源都分布在四川藏族羌族聚居区。四川藏族羌族聚居区是全省旅游发展潜力最大的地区之一，是四川建设世界旅游目的地的重要支撑。四川省"十三五"旅游业发展

---

① 孙健.西藏节庆搭档旅游业，文化自信经济效益双丰收[EB/OL]. [2018-03-13]. http://www.tibet.cn/cn/travel/201803/t20180313_5543999.html.
② 2017年阿坝州国民经济和社会发展统计公报[EB/OL]. [2018-04-10]. http://www.abazhou.gov.cn/xxgk/zwgk/tjgb/201804/t20180410_1350102.html.
③ 2017年甘孜州国民经济和社会发展统计公报[EB/OL]. [2018-02-28]. http://www.gzfz.gov.cn/html/gzfg/40282f814a7cbfa4014a7cc8560c0005/xxfb/zbxx/4028809260ddd3ed0161df73d8480100.html.

规划中提出,在"十三五"期间,四川省以四川藏族羌族聚居区为全省旅游业的突破口,形成"大熊猫、大九寨、大草原、大香格里拉"四大国际旅游品牌,在四川藏族羌族聚居区推出10条旅游精品线路;同时四川省还将加快建设川藏旅游经济带、川滇藏区域旅游合作实验区等。作为四川藏族羌族聚居区旅游大开发中的重要突破口,传统民族节庆旅游活动已经成为四川藏族羌族聚居区旅游业的核心产品和主要推广平台。如甘孜州为了进一步提升自身对外形象,展示"圣洁甘孜"品牌和特色,促进地方经济发展和农牧民群众增收致富,2017年共举办"甘孜山地旅游节"等节会赛事和推介活动7场,成功举办"康定情歌国际音乐节"等文化节庆旅游活动13场,全年共接待游客1668万人次,比上年同期增长28.1%,实现旅游收入166亿元,同比增长27.3%。[①]四川阿坝州从2016年起,先后举办四川红叶生态旅游节、四川大熊猫国际生态旅游节,还有水果采摘节、高山兰花节、梨花节等多个节庆旅游活动,有效拉动了阿坝州的全域全时旅游。其中"2018四川红叶生态旅游节"共计接待游客5万余人次,实现旅游收入4145万元。[②]

当前旅游业已成为川藏地区社会经济发展的重要动力和新的经济增长点,川藏地区旅游业的发展大大带动了商业、制造业、餐饮、酒店等行业的发展。作为民俗文化精华的节庆活动,一旦与旅游业结合,不仅可以借助旅游消费有效宣传民俗文化,而且可以不断丰富和更新旅游业的内容,为旅游业注入新的血液和活力,从而使民俗文化和旅游业取长补短,相得益彰[③]。西藏和四川两个省区都将发展特色节庆旅游活动助力全域旅游作为今后各自区域旅游业的发展方针。西藏自治区拟将拉萨雪顿节、日喀则珠峰文化旅游节等多个节庆旅游活动作为重点节庆品牌进行包装和打造;四川省拟将阿坝州的国际熊猫节、甘孜州的康定情歌节打造成省级重大节庆旅游活动,并努力培育成国际性节庆旅游品牌。未

---

① 尤紫璇,唐莉.四川甘孜力争今年游客2200万人,旅游收入210亿[EB/OL].[2018-01-19]. http://m.china.com.cn/test/doc_1_9_629660.html.
② 阿坝州林业局.阿坝州以彩林为介,举办各类节庆旅游活动[EB/OL].[2018-10-25]. http://www.abazhou.gov.cn/jrab/zwyw/201810/t20181025_1373920.html.
③ 赵东玉.中华传统节庆习俗研究[M].北京:人民出版社,2002:236.

来川藏地区的旅游业还将进一步加强节庆的带动作用，构建多层次的节庆体系，以节庆旅游激活地域文化的灵魂，以节庆旅游为抓手，创建全季节、全天候的全域旅游新格局。

1.1.4　川藏地区节庆旅游存在的问题

川藏地区的节庆旅游发展到今天，取得了显著的成就，不仅挖掘了丰富多样的节庆活动类型，在内容的开发上也逐步走向深入，且形成了许多知名度较高的节庆旅游品牌，它们成为川藏地区旅游业有较强活力和发展前景的专项旅游产品。但是川藏地区在节庆旅游的发展过程中也出现了许多问题，这些问题在不同程度上制约着当地节庆旅游的发展。

1.1.4.1　缺乏系统性规划，不同区域的节庆资源没有做到协同发展

川藏地区的常住居民除汉族外，主要以藏族为主，该地区藏族人口相当于西藏自治区总人口的90.48%[①]，占四川甘孜州总人口的78.46%[②]，占四川阿坝州总人口的58.7%[③]。藏族人民的传统文化和民俗风情成为西藏全区和四川藏区两个区域节庆旅游的重要资源，但川藏地区节庆旅游缺乏系统性的长远规划，节庆旅游资源缺乏有效整合，西藏全区与四川藏区有着相似的文化和民族背景，却没有做到协同发展，川藏地区的节庆活动资源没有得到科学合理的利用，给当地旅游业的发展带来一定的影响。例如在西藏全区和四川藏区各地同时举办的送魔节、桑吉曼拉节、米拉日巴劝法会、跳神节、燃灯节等节庆旅游活动，由于没有能够在西藏全区和四川藏区两个区域做到跨区域协同发展，资源没有得到有效的配置，所以这些节庆活动的知名度、旅游开发水平都无法令人满意，影

---

① 史云峰.从第六次人口普查数据看西藏人口发展变迁与特征[J].西藏民族学院学报（哲学社会科学版），2013（1）：51.
② 杨红忠，何小平.甘孜州2015年全国1%人口抽样调查主要数据公报[EB/OL]. [2016-07-02]. http://gz.newssc.org/system/20160702/001961293.html.
③ 2017年阿坝州国民经济和社会发展统计公报[EB/OL]. [2018-04-10]. http://www.abazhou.gov.cn/xxgk/zwgk/tjgb/201804/t20180410_1350102.html.

响了川藏地区节庆旅游的可持续发展。

1.1.4.2 对政府依赖程度大，市场化运作程度不高

一个成功的节庆旅游活动需要多个部门的配合协调，其中政府的宏观调控是不可缺少的。但目前川藏地区节庆旅游活动存在对政府依赖程度大的现象，其中绝大多数节庆旅游活动都由政府负责举办，节庆组委会成员几乎全部来自当地政府的各个相关部门。人们普遍认为由政府主办节庆旅游活动具有强大的号召力和权威性，可以比较容易地调动各方面的资源为节庆旅游活动服务，却因此忽视了节庆旅游市场自发的调节和运行机制。政府主导下的节庆旅游，不可避免会有较多的行政干预，会限制企业的积极性，阻碍节庆旅游活动走向市场化。加上政府举办节庆的目的不够明确，活动内容不够新颖，缺乏必要的节庆营销手段，节庆旅游活动的投入和产出不成正比。

在川藏地区节庆旅游的发展初期，节庆旅游市场化运作程度不高，需要依靠政府的主导和扶持来实现。而随着川藏地区节庆旅游产业的发展，应当逐渐推进节庆旅游的市场化进程，否则市场化不足势必会影响川藏地区节庆旅游产业的可持续发展。市场化运作要求按市场经济规律，以市场企业化运营模式来实现资源的有效配置。任何地方举办节庆旅游活动，都应基于一定的经济、社会、文化条件予以开展。除了必要的基础设施条件、相当的经济发展水平之外，还要有完善的市场化运作体系。同时应本着节俭务实的精神，严格控制节庆旅游活动的数量和规模，坚决制止那种不讲成本、不讲效益、劳民伤财的节庆旅游活动。

1.1.4.3 品牌意识薄弱，节庆知名度不高

成功的节庆旅游活动首先要树立自己的品牌，川藏地区节庆旅游活动的许多组织者现在还没有建立品牌意识，只是依靠自己对传统节庆旅游活动的理解去举办，没有深入挖掘节庆活动的特色，更没有思考如何在此基础上创立一个品牌节庆活动，这就造成川藏地区节庆旅游活动与国内外知名品牌节庆旅游活动有着较大的差距，无法与之同台竞技。近年来川藏地区举办了很多节庆旅游活动，但大部分都是规模小、时间短、

影响不大的节庆旅游活动，没有在消费者群体中留下深刻的印象。而且大多数节庆旅游活动都是近年来新开展的，即使有一定的历史渊源，但由于主办方品牌意识薄弱，也往往流于表面。加上对节庆旅游活动的内涵认识不够，川藏地区的节庆旅游活动总体质量往往不高。国内外著名的传统节庆是当地旅游的一张名片，例如巴西狂欢节、西班牙传统奔牛节、德国慕尼黑啤酒节、蒙古达斡尔族阿涅节、中国洛阳牡丹文化节等知名节庆，能够全方位地带动当地旅游发展。川藏地区的节庆旅游活动跟这些知名节庆相比，知名度仍相对较低，无论在国外还是在国内的影响力和竞争力都相对较弱，因此需要研究如何将节庆旅游资源优势转化为旅游效益，形成川藏地区特有的节庆旅游品牌，推动川藏地区节庆旅游发展。

1.1.4.4 没有充分挖掘传统文化内涵，地方特色不鲜明

川藏地区悠久的历史和深厚的文化底蕴，使其拥有丰富的人文旅游资源。但在节庆旅游的开发和保护过程中，一方面没有充分地挖掘川藏地区旅游文化资源方面的优势，包括特色饮食、民间游乐项目、特色手工艺品、音乐歌舞等；另一方面已开发的节庆旅游活动也没能完全体现川藏地区传统节日的内涵和特色。一些应该有的特色活动细节没有凸显出来，对旅游者的吸引力不强。缺乏特色，是很多地方节庆旅游活动寿命短或效益差的首要原因。对于节庆旅游活动的参加者来说，活动的主题特色内容是产生旅游吸引力的根本。节庆旅游要扩大市场，靠的就是独特的活动主题。而川藏地区的节庆旅游活动大多没有鲜明的主题，很多节庆旅游活动都追求大而全。此外，节庆旅游活动的开展必须以一个地区的文化底蕴为依托，只有注入了文化内涵，节庆旅游活动才有它的生命力。而川藏地区现在开展的很多节庆旅游活动，在追求经济效益的同时往往忽略了文化内涵的挖掘，一旦缺乏深厚的文化内涵，就只能在短期内增加亮点，长远来看不利于川藏地区节庆旅游的健康持续发展。

1.1.4.5 旅游基础设施和公共服务有待完善

节庆旅游活动的顺利开展，离不开节庆旅游活动举办地的交通、通

信等旅游公共基础设施，以及餐饮、住宿等基本旅游服务设施，还需要当地政府的公共服务体系作为后勤保障。川藏地区由于经济发展水平相对比较落后，加上高海拔地区的自然条件限制，区域内的航空、铁路、公路等公共交通网络发展缓慢，交通基础设施不够完善。部分市县区位条件恶劣，地处偏远，当地的交通服务、接待能力、食宿条件和卫生状况及地方政府的旅游公共服务管理水平都有待进一步提高。例如，作为西藏自治区首府的拉萨市是川藏地区交通基础条件最好的城市，拥有贡嘎机场、青藏铁路和多条高速公路等交通基础设施，但每逢旅游旺季，尤其是雪顿节、跳神节等大型节庆旅游活动举办期间，大量游客和朝圣者涌入拉萨，时常会引起季节性的交通拥堵。随着拉萨城市环境的不断改善，西藏自治区其他地区的民众开始转移到拉萨定居，使得拉萨流动人口和常住人口逐年增多。2012—2017 年，拉萨市汽车保有量以每年 2 万~2.5 万辆的速度递增，这大大增加了拉萨的城市交通负担。百度地图发布的《2017 年第三季度中国城市研究报告》城市拥堵数据显示，拉萨已经成为国内交通拥堵情况加剧城市中增幅最大的城市。[①]节庆活动所依托的交通等旅游接待基础设施和公共服务管理水平的滞后，会对川藏地区节庆旅游的可持续发展产生较大的障碍。

1.1.4.6　缺乏节庆旅游方面的专业人才

由于川藏地区发展节庆旅游的时间不长，加上川藏地区的社会经济发展水平相对较为落后，同时工作生活条件较为艰苦，对节庆旅游人才的吸引力不够，川藏地区从事节庆旅游方面的专业人才比较缺乏，目前在岗的从业人员素质较低，不具备必要的专业知识，难以胜任综合性较强的节庆旅游工作，这使得川藏地区节庆旅游产业面临严重的人才短缺的问题。由于川藏地区的教育发展水平不足，这些问题是无法依靠川藏地区自身的人才培养来解决的，在今后相当长一段时期内，必须依靠引进外来人才的方式才能解决。川藏地区每次组织大型节庆旅游活动的人员，基本上都是当地民众或者是相关的政府工作人员，从业人员很少毕

---

① 张雪芳.盘点拉萨市内各拥堵路段，请提前择路绕行[EB/OL]. [2017-11-30]. http://xz.people.com.cn/n2/2017/1130/c138901-30980902.html.

业于专门的旅游院校，其教育背景也不是旅游管理专业或会展管理专业，甚至有些人员对节庆旅游完全不了解，对节庆旅游的策划、组织安排、运营，节庆旅游活动的内容、流程等缺乏专业性的认知。节庆旅游专业人才的缺乏，导致川藏地区在节庆旅游业的发展方面不能推陈出新，缺乏好的设计理念和创新思想，在很大程度上制约了川藏地区节庆旅游业的发展。

1.1.4.7　过于注重游客需求，忽视当地居民

现代节庆旅游活动不同于过去的传统节日狂欢，它以传播地区旅游形象、吸引旅游者消费、促进旅游产业发展为主要目的，已成为一种商业化开发后的旅游产品。所以，现在川藏地区的部分节庆旅游活动为了招徕游客，不惜改变传统民族传统节庆的原有面貌去迎合游客的需要，而忽视了当地居民继承和保护本民族传统文化的权利。传统节庆是以当地居民为主、游客为辅举办的节庆旅游活动，而现代节庆则理念不同，往往是以游客为主，更有甚者将当地居民完全排除在外。事实上，节庆旅游的主要吸引物除了当地的自然风景和人文建筑以外，衣食住行、婚丧嫁娶等当地民俗文化的展示必须依赖于当地民众的积极参与和配合。倘若将当地居民这么重要的节庆背景要素排除在外，川藏地区的节庆旅游活动就根本没有长远发展的根基。一旦失去了节庆旅游活动的原动力，节庆旅游将很难得到持续发展。

1.2　国内研究综述

近年来，对川藏地区节庆旅游的研究越来越受到国内学术界的广泛关注，已取得了一系列成果。截至 2017 年 12 月，在中国期刊全文数据库、中国博士学位论文全文数据库和中国优秀硕士论文全文数据库三个数据库中检索到研究川藏地区节庆旅游的相关文献共 240 篇。目前关于川藏地区节庆旅游的研究成果主要体现为川藏地区节庆旅游活动的内涵、节庆旅游活动与外部环境的互动、节庆旅游资源的保护与开发等几个方面。

1.2.1 川藏地区节庆旅游活动的内涵研究

宁世群（1990）按照节日的内容，将藏族传统节日划分为宗教性节日、生产性节日、藏历年节和文娱性节日等四类。①林继富（1991）认为包括苯教和佛教在内，宗教文化对藏族民间群体意识和精神的影响深远，藏族的节日源头可能表现为宗教活动。②旺宗（2008）以拉萨地区的节日民俗作为研究对象，从节日的分类和特点，节日的起源、发展和演变，民俗文化内涵，对民俗生活的作用，节日文化未来发展的探索等方面进行了详细的概述和分析。③王德和（2010）研究了四川凉山州甘洛县尔苏藏族传统的"渣卓"节日文化，发现"渣卓""布渣卓"和"拉巴"是三个相互联系的民俗节日，其所形成的节日文化具有浓厚的祖先崇拜、祭拜天神等本地民间信仰文化特质，并提出对这些传统节日文化进行研究与保护，有利于民族地区和谐社会的构建。④李玉琴（2012）通过对四川甘孜州的新龙县"十三"节和丹巴县"香古"年这两个传统年节的对比研究，发现两个地方性年节因节庆地域的不同、历史和民族文化发展背景的不同而自成体系，同时又具有不少相似或相同的文化现象，反映了两地藏族有着共同的民族文化心理特征。⑤黄林（2013）以四川甘孜康定"转山会"、甘南"香浪节"以及西藏的"雪顿节"和"望果节"为例，对藏族地区节庆中的休闲习俗进行了介绍。⑥扎西尼玛（2013）对藏历新年的演变及传统习俗进行了详细的介绍，包括从藏历十二月初直到新年初五的整个活动流程和活动内容。⑦杜莉梅、马汉钦（2001）指出在所有

---

① 宁世群. 藏族传统节日[J]. 青海社会科学，1990（2）：96-101.
② 林继富. 藏族宗教节日文化试论[J]. 民俗研究，1991（4）：50-55.
③ 旺宗. 拉萨地区节日的发展演变及其民俗文化内涵分析[D]. 拉萨：西藏大学，2008.
④ 王德和. 尔苏藏族"渣卓"节日文化研究[J]. 广西民族大学学报，2010（5）：97-100.
⑤ 李玉琴. 四川藏区两个特殊年节的比较研究——对新龙"十三"节和丹巴"香古"年的调查分析[J]. 西南民族大学学报（人文社会科学版），2012（7）：10-14.
⑥ 黄林. 藏地休闲节俗的特点与渊源[J]. 寻根，2013（4）：73-78.
⑦ 扎西尼玛. 藏历新年的演变及传统习俗[J]. 文学界，2013（1）：305-306.

的藏族节日中几乎都有赛马活动,赛马常以母题的形式在节日中显现。[1]丁玲辉(2007)认为藏族传统体育文化的价值与内涵是以传统节日的形式表现出来的,传统节日是藏族传统体育文化发展传承载体。[2]冶青措(2009)认为藏族的传统节庆旅游活动是展示藏族艺术的舞台,是传承和弘扬藏族艺术的盛会。[3]曹娅丽、邱莎若拉(2013)通过考察拉萨雪顿节中的藏戏表演,发现藏戏表演得以延续与传承的根基便是节日传统的传承,雪顿节等节庆旅游活动已经成为藏戏遗产保护的载体。[4]旺宗(2013)以西藏堆龙德庆区望果节为研究对象,比较了藏族的传统望果节和现代望果节,认为现代望果节呈现出组织形式一体化、宗教仪式简化、活动形式多样化、参与娱乐现代化以及导向综合性等特点。[5]岗措(2015)从藏族分布的不同地域出发,梳理分析了藏族民俗节日在地域上的主要特点,包括相同的节日内容在不同的地域会有不同的时间安排;藏区由于海拔高度的不同,自然形成了牧区、农区和半农半牧区的差别,因此各地区形成了各自不同的民俗节日。[6]王新平(2015)以藏区节庆中的常见仪式活动"煨桑"为对象,研究了该仪式的起源、历史发展和文化内涵,认为该仪式的形式和内涵是认识藏族宗教信仰、思想观念和风土人情的重要窗口。[7]

---

[1] 杜莉梅,马汉钦. 藏族的赛马节与赛马文化[J]. 西藏民俗,2001(3):25-27.

[2] 丁玲辉. 藏族传统节日与藏民族传统体育文化的探讨[J]. 西藏民族学院学报(哲学社会科学版),2007(3):48-52.

[3] 冶青措. 藏族节日是传承藏族艺术的载体[J]. 西藏艺术研究,2009(2):83-85.

[4] 曹娅丽,邱莎若拉. 藏戏表演与节日传统——基于2013年拉萨雪顿节藏戏汇演的考察与思考[J]. 民族艺术研究,2013(5):59-65.

[5] 旺宗. 藏族望果节的民俗变迁研究——以堆龙德庆县古荣乡加如村望果节为例为例[J]. 西藏大学学报(社会科学版),2013(4):121-127.

[6] 岗措. 藏族传统节日的地域性特点[J]. 中央民族大学学报(哲学社会科学版),2015(6):132-137.

[7] 王新平. 藏族煨桑仪式的宗教文化内涵[J]. 中国宗教,2015(6):70-71.

1.2.2 川藏地区节庆旅游活动与外部环境的互动研究

卞利强、洛桑（2010）通过研究藏族传统节庆中的民族体育活动，包括赛马、斗牛等，指出一方面传统节庆是产生民族传统体育的土壤，另一方面民族传统体育得以在节庆旅游活动中延续，体现出节庆旅游活动与传统民族体育活动之间的互动影响，以及传统的体育歌舞活动在藏族民间的文化认同、社会整合与民族凝聚力等方面的效应。[1]刘秋芝、蔡秀清（2011）通过分析藏族节庆习俗所蕴含的多种文化元素，论述了藏族节日文化对构建社会主义和谐社会的重大作用和意义，并认为藏族节日作为一种风俗制度和综合生活文化体系，在公共治理、人文调节、维护生态良性循环方面的功能十分突出，应当充分挖掘并合理利用节日资源，为实现民族文化的繁荣发展服务。[2]袁联波（2013）通过考察康巴藏族节日与民间表演艺术之间的关系，认为节日活动对康巴藏族锅庄、弦子等歌舞艺术以及藏戏的发展起到了极为重要的作用，节日特定的文化情境对康巴藏族民间表演艺术形态及风格的形成和发展产生了重要影响。[3]刘坤梅（2014）以 2013 年拉萨雪顿节作为研究对象，在旅游公共服务内涵及影响因素方面的基础上，通过问卷调查方式，运用描述统计分析等方法从进藏感知出发评价游客对西藏节庆旅游期间公共服务的满意度，提出应从安全救助、便民惠民、信息咨询、公共交通这四个方面构建并完善大型节庆旅游公共服务的评价体系[4]。杨于卓（2016）根据对西藏两个村寨的望果节和拉萨雪顿节的田野调查，考察了藏族传统节日对藏戏传承的影响，认为节日对藏戏的传承有着重要的作用和影响，主

---

[1] 卞利强，洛桑. 略谈藏族传统节日中的民族体育活动[J]. 西藏大学学报（社会科学版），2010（3）：148-152.

[2] 刘秋芝，蔡秀清. 试论藏族节庆习俗在构建和谐社会中的作用[J]. 西藏大学学报（社会科学版），2011（4）：124-127.

[3] 袁联波. 节日制度与康巴藏族民间表演艺术[J]. 成都大学学报（社科版），2013（6）：79-82.

[4] 刘坤梅. 基于游客感知的少数民族地区大型节庆旅游公共服务评价研究——2013 年西藏拉萨雪顿节的调查[J]. 西藏研究，2014（3）：112-120.

要体现在节日提供了藏戏演出的文化环境、通过营造情境对演员和受众产生潜移默化的影响、节日本身的传承和传播扩大了藏戏的影响力等三个方面。①蒲西安（2013）对康藏地区民族民间体育项目资源和旅游资源进行整理后，指出民族体育产业与旅游产业是有机融合、相互促进的互动发展关系，影响互动发展关系的因素主要包括政策保障、环境影响、社会影响力、社会功能和经济等五个方面②。苏小琴（2016）对四川"藏羌彝走廊"民族节庆体育与旅游的融合开发进行调查研究后发现，人为的行政区划限制了旅游路线，节庆体育文化内涵开发不足等，是制约四川地区民族节庆体育文化与旅游产业互动发展的重要原因，并提出了相应的解决办法③。林晓华、邱艳萍（2016）以2015年拉萨藏历新年为对象，研究了新媒体的使用与藏族传统节日之间的互动影响，发现新媒体已经全面覆盖了拉萨的藏历新年；由于新媒体的影响，人们更加重视节日的娱乐价值，流行音乐比藏族传统歌舞和藏戏更受欢迎；其他民族的新年习俗已慢慢融入藏族新年中，服饰习惯和饮食习俗都发生了巨大的改变，藏族的传统特色正在大量减少。④曾伟等（2016）对康巴藏区节庆体育与区域经济社会发展的关联性进行了分析，认为康巴藏区节庆体育具有生活性与艺术性、娱乐性与竞技性、单一性与多样性、包容性与开放性、民族性与世界性、继承性与创新性六大主要特征。康巴藏区节庆体育与区域经济社会的发展相互促进、相互影响。⑤

---

① 杨于卓. 传统节日对藏戏传承的影响研究[J]. 西南民族大学学报（人文社会科学版），2016（4）：55-59.
② 蒲西安. 康藏地区民族民间体育与旅游互动发展关系研究[J]. 辽宁体育科技，2013（4）：63-66.
③ 苏小琴. 四川藏羌彝走廊民族节庆体育文化与旅游产业的融合研究[J]. 商，2016（23）：298.
④ 林晓华，邱艳萍. 媒介化社会与藏族传统节日文化变迁——以2015年拉萨藏历新年为例[J]. 西南民族大学学报（人文社会科学版），2016（8）：153-157.
⑤ 曾伟，林伟伟，肖波. 康巴藏区节庆体育与区域经济社会发展的关联性分析[J]. 兰州文理学院学报（自然科学版），2016（2）：75-78.

1.2.3 川藏地区节庆旅游资源的保护与开发研究

林丽花等（2008）将西藏节庆旅游活动纳入西藏民俗文化旅游资源中，论证了开发西藏民俗文化旅游的意义及可以取得的社会效益和经济效益，在开发方面要做好宣传策划工作，稳步扩大客源市场，保持民俗旅游资源的可持续利用，营造良好的民俗文化环境氛围。[①] 旺宗（2010）以西藏节庆文化为例，探讨了藏族节庆文化产业化的意义及其途径，她指出，藏族节庆文化的产业化有助于增强藏民族的自信心，有助于藏族传统文化的传承，有利于西藏地区的长治久安和经济发展，并提出加强节庆文化的抢救、挖掘与整理工作，加强对藏族节庆文化的创意与宣传，加大政府的扶持力度等对策。[②] 武树含（2013）通过分析拉萨市节庆旅游的发展现状，发现拉萨市节庆旅游存在文化内涵挖掘不充分、地方特色不鲜明、节庆旅游活动开展规模较小、品牌意识薄弱、专业人才缺乏等问题，并提出要深入挖掘拉萨节庆旅游的文化内涵、扩大节庆旅游活动的规模、加强节庆旅游专业人才的培养等对策。[③] 蔡小叶、唐兵飞（2014）通过对西藏山南地区藏族民俗文化的研究，提出要将生产、服装、节庆、人生礼仪、饮食、居住与建筑等文化内涵统一在"体验式生态旅游"这样的旅游模式下进行开发。[④] 孔佳（2015）针对四川石棉县尔苏藏族"还山鸡节"的保护开发进行了研究，她发现对民族传统节庆进行旅游开发后，给村庄的聚落景观、节日内容、村民心态都带来了一定的影响，其原因在于法律缺失，制度无序，节庆开发后导致原有伦理失范、文化内涵丧失，政府行政干预过度，民俗文化趋于同质化和庸俗化以及利益分配不均，影响村民心态。由此在保护和开发中要注意健全法律和制度保

[①] 林丽花，张敏，吕永磊.关于西藏民俗文化旅游资源开发的思考[J].四川林勘设计，2008（1）：44-47.

[②] 旺宗.藏族节庆文化产业化的意义及其途径研究——以西藏节庆文化为例[J].西藏大学学报（社会科学版），2010（3）：45-50.

[③] 武树含.拉萨市节庆旅游存在的问题及发展对策[J].旅游纵览（下半月），2013（10）：134.

[④] 蔡小叶，唐兵飞.分析西藏山南地区藏族民俗文化体验式生态旅游[J].旅游纵览（下半月），2014（9）：109-110.

护、完善政府有效职能管理、鼓励公众参与、创新民族旅游模式、培养民族旅游意识、培养民俗传承人等。[①]吴东生（2016）通过针对游客的问卷调查，对参与 2015 年拉萨雪顿节的游客地方认同感的构成要素进行定量测量，发现西藏节庆旅游存在一系列问题，包括信息咨询服务欠缺、价格不稳定、外部环境性低、配套设施有待提高、节庆本体设计不够完善、购物环境一般等，需要在今后的节庆旅游工作中予以解决[②]。曹盼盼、祝越（2017）通过研究四川康定"四月八"跑马山转山会，就其现在存在的问题，如对外知名度不高，活动趋于利益导向、娱乐性、形式化，以及活动期间景区存在安全隐患和环境问题进行分析，并建议从清理记录、组织学习、加大宣传力度，高度重视转山会非物质文化遗产的传承和发展、落实具体保护措施，统筹转山会非遗保护、传承与地方经济和谐发展，加强安全管理和基础设施建设，加大治安管理力度，文明出行、爱护环境等六个方面加强转山会的保护和开发[③]。

1.2.4　简要评述

川藏地区拥有众多极具特色的民族节庆资源，从文化内涵和活动内容上看，川藏地区的节庆资源更加具有原生态的民族特色，是非常有价值的旅游资源。现有的相关文献根据川藏地区的节庆旅游资源特色和产业发展现状，进行了大量有益的理论探索和实践研究，取得了一定的成果。其中川藏地区传统节庆活动内涵的研究、节庆旅游活动的经济影响分析、游客的满意度调查、雪顿节等重点节庆旅游活动的实证分析等方面，具有较好的参考价值。

目前针对川藏地区节庆旅游的研究还处于起步阶段，没有明显起到促进川藏地区旅游产业竞争力提升的作用，很多问题有待深入研究。目

---

① 孔佳. 从尔苏藏族"还山鸡节"看小族群传统节日保护[D]. 成都：四川省社会科学院，2015.
② 吴东生. 基于游客地方认同感的西藏节事旅游研究——以 2015 年拉萨雪顿节为例[J]. 商，2016（6）：277.
③ 曹盼盼，祝越. 康定"四月八"跑马山转山会调查研究[J]. 四川民族学院学报，2017（1）：49-56.

前我国对川藏地区节庆旅游研究还存在诸多不足之处，主要是：① 研究方法比较单一。大多数研究都是论述性的，没有采取定性与定量相结合、实证分析等研究方法，需要积极引进国内外先进的研究方法，同时探索出适合当地节庆旅游研究的新方法。② 过于侧重对于川藏地区传统节庆旅游活动的内涵研究，对节庆资源的开发研究不够。前述240篇论文中，超过70%的文章是关于节庆的传统文化内涵研究，绝大多数都未对节庆资源的旅游开发进行研究。③ 对川藏地区节庆资源的旅游开发研究不够系统，需要更多地从节庆旅游的各个角度以及不同环节对节庆旅游进行研究，例如川藏地区传统节庆文化资源的收集与整理、节庆旅游参与群体的人口学特征、节庆旅游者的旅游消费行为、节庆旅游相关利益者、节庆旅游者的感知、节庆旅游的配套条件、节庆旅游的营销与推广、节庆旅游的策划与运营、川藏地区节庆旅游的主要客源地等方面。④ 在节庆旅游对旅游目的地的影响研究中，基本上以研究积极影响为主，节庆旅游活动对旅游目的地，尤其是少数民族地区的消极影响研究不足。实际上，节庆旅游对当地的人文和自然环境带来的消极影响是不可忽视的问题，它不仅对节庆旅游活动本身有消极影响，甚至还会对旅游目的地的民族团结和文化传统造成破坏性影响。

1.3 研究的内容和意义

1.3.1 研究的主要内容

1.3.1.1 搜集整理川藏地区的节庆旅游资源

并不是所有节庆旅游活动都适合进行旅游开发，也不是所有地区都适合开展节庆旅游活动，因此只有在对川藏地区节庆旅游资源进行全面深入了解的基础上，对其进行科学合理的保护与开发。截至目前，国内外对于川藏地区节庆旅游资源的搜集和整理还是空白。所以，我们首先对川藏地区的节庆旅游资源进行充分的调查，从节庆旅游活动的基础条件、内涵特色和发展现状等方面进行全方位的统计、整理以及评价，为接下来的研究工作打下基础，同时为今后同类型的研究提供基础资料。

1.3.1.2　川藏地区节庆活动与旅游业的互动影响

节庆旅游是节庆活动与旅游业融合发展后的产物，二者相互影响、相互作用。节庆活动和旅游业之间的互动影响既有积极方面，也有消极方面，并且二者融合后产生的节庆旅游对于川藏地区而言，在经济、社会、环境、文化等方面也存在着积极和消极的影响，因此需要从产生这些影响的根源入手，研究川藏地区节庆活动与旅游业的互动影响，能够尽量发挥节庆旅游产业的积极作用，减少负面效应。

1.3.1.3　川藏地区节庆旅游产业的发展路径选择

目前我国每年有数千个节庆旅游活动，在此基础上发展起来的节庆旅游业的规模也越来越大，但实事求是地说，我国节庆旅游产业的整体发展水平和成效还不能令人满意，归根结底就在于没有能够科学合理地选择适合自身的发展道路。川藏地区的节庆旅游产业既有着内地节庆旅游的共性，也在区域特色、基础条件、发展水平等方面有着自己的个性，因此需要立足于川藏地区的实际情况，选择适合该地区的发展路径。

1.3.1.4　川藏地区节庆旅游产业的发展体系规划

川藏地区的节庆旅游产业目前还处于初级阶段，无论是在产业发展原则、产品开发体系、营销平台建设，还是在人才培养机制等方面，都没有做到全面合理的规划设计，造成川藏地区节庆旅游开发水平低下，旅游综合竞争力没有得到有效的提升。因此有必要通过对上述几个方面的研究，建立并完善川藏地区节庆旅游产业的发展体系，利用四川和西藏两地协同创新的方式，打造具有国际竞争力的特色节庆旅游产业。

1.3.2　研究的意义

川藏地区属于我国相对贫困落后的地区，自然条件艰苦，社会经济发展水平较低。但川藏地区拥有众多高品位的旅游资源和极具特色的民族节庆活动，从节庆旅游活动的历史文化内涵和活动内容上看，川藏地区的节庆资源更加具有原生态的民族特色，是非常有价值的旅游资源。由于目前当地节庆活动的旅游开发工作并不到位，所以针对川藏地区民族传统节庆活动与旅游业融合发展的科学研究，必须要收集和深入挖掘川藏地区民族节庆资源，与旅游业各要素相互整合，完成相关的理论探讨和实证研究，才能有效推动川藏地区特色旅游业的发展，有利于促进旅游供给侧的结构性改革，对于促进藏区经济转方式、调结构，解决区域性整体贫困问题具有重要的战略意义和现实意义。

将少数民族节庆活动打造成为川藏地区旅游业的重要吸引物、品牌依托和促销平台，同时通过旅游业的开发，使传统节庆从经济回报和文化创新的反哺中得到传承和创新，做到"以节养节"，打造具有强大竞争力的节庆旅游产业，能够满足人民文化生活需求，满足藏区人民对美好生活的向往，推动区域经济发展。此外，利用节庆旅游产业的发展，有效推动川藏地区经济、社会和文化的健康快速发展，并且将相关研究成果和实践经验向云南、甘肃、青海等民族地区进行推广，从而为实现中华民族伟大复兴的中国梦贡献绵薄之力。

2 川藏地区节庆旅游资源调查

2.1 川藏地区节庆活动资源统计

川藏地区节庆活动众多，罗桑开珠（2006）在《藏族节日文化研究》中按照主要内容对节庆旅游活动进行了分类，节庆旅游的类型主要包括八大类：宗教、农事、牧事、纪念、商贸、文体游乐、庆贺、岁时。[①]我们根据该分类，按照举办时间的先后顺序，通过广泛地搜集和整理，发现川藏地区截至2018年主要节庆活动共计118项。其中，四川藏族羌族聚居区49项，西藏自治区78项，四川藏族羌族聚居区与西藏自治区共有的节庆旅游活动9项。入选省（区）级以上非物质文化遗产名录的节庆旅游活动共28项，占比23.7%，其中，世界级非物质文化遗产1项，国家级非物质文化遗产5项，省（区）级非物质文化遗产22项。入选非遗的节庆活动中，西藏自治区21项，四川藏族羌族聚居区7项。川藏地区主要节庆活动具体如表2-1所示。

2.2 川藏地区节庆旅游资源分析

2.2.1 川藏地区节庆活动的特点分析

2.2.1.1 节庆活动的类型

在前述川藏地区的118项主要节庆活动中，宗教节庆53项（45%），纪念节庆5项（4%），牧事节庆6项（5%），农事节庆22项（19%），

[①] 罗桑开珠. 藏族节日文化研究[J]. 西北民族大学学报（哲学社会科学版），2006（4）：53.

表2-1 川藏地区主要节庆活动

序号	节庆活动名称	类型	时间（藏历）	举办区域	主要活动内容	入选非物质文化遗产情况
1	藏历新年	岁时	正月初一	西藏全区，四川藏族羌族聚居区	家庭聚会、拜年、美食、驱鬼	国家级
2	启耕节	农事	正月初五	西藏拉萨河谷	以白石祭祀农业神	
3	传召大法会	宗教	正月初八	西藏拉萨	做法会、朝佛、布施	
4	上九节	文体游乐	正月初九	四川雅安宝兴	灯会、舞狮、舞龙、游乐	
5	草地藏民节	岁时	正月初	四川阿坝	跳神、歌舞	
6	路绕节	宗教	正月十五	西藏林芝	表演本教歌舞"恰巴切"	
7	酥油花灯节	宗教	正月十五	西藏各寺	朝佛祈祷、观赏花灯	
8	开耕仪式	农事	正月二十一	西藏乃东	祭祀农业神	
9	传召大会	宗教	正月二十五	西藏拉萨	祈愿、辩论、驱鬼	
10	春播节	农事	正月	西藏全区	祭祀土地神、打扮耕牛、试耕土地	
11	农耕大典	农事	正月底二月初	西藏日喀则	祭祀农业神、启耕田地	
12	送魔节	宗教	二月初七	西藏全区，四川藏族羌族聚居区	密宗驱鬼	
13	春播节	农事	二月初八	西藏拉萨堆龙德庆	开犁、祈求丰收	省（区）级
14	祭山节	农事	二月十一	四川嘉绒藏区	煨桑、风马旗祭山，祈求庄稼丰收	

续表

序号	节庆活动名称	类型	时间（藏历）	举办区域	主要活动内容	入选非物质文化遗产情况
15	春耕节	农事	二月十五	四川阿坝嘉绒藏区	祈福，播种	省（区）级
16	传小召	宗教	二月十五	西藏拉萨	念经祈祷、举办法会、纪念五世达赖	
17	谢水节	农事	三月初六	四川凉山冕宁	求雨，祈子，演藏戏	
18	祭山节	农事	三月初六	四川大小金川	白石，风马旗祭山，祈子，庄稼丰收	
19	时轮金刚节	宗教	三月十五	西藏全区，四川藏族羌族聚居区	跳神，念神咒	
20	白马歌会	文体游乐	三月清明节期间	四川绵阳平武，南坪	表演歌舞、游乐	
21	迎鸟节	宗教	三月十五	西藏山南	迎接布谷鸟，祈福	
22	雪梨花节	农事	三月底四月初	四川阿坝金川	赏梨花、游乐、美食	
23	转山会	宗教	四月初八	四川康定	转山念经、祭祀祷告、跑马	国家级
24	阿里冈仁转山节	宗教	四月初八	西藏阿里	转山念经、祭祀祷告	省（区）级
25	浴佛节	宗教	四月初八	四川甘孜、阿坝	浴佛、献花果、供僧	
26	萨嘎达瓦节	宗教	四月十五	西藏全区	转山（湖）、美食	省（区）级
27	迎鸟节	宗教	四月十五	西藏热振寺	僧人敬贡品，跳神赐福	

续表

序号	节庆活动名称	类型	时间（藏历）	举办区域	主要活动内容	入选非物质文化遗产情况
28	祭龙节	宗教	四月十五	西藏拉萨	祭祀神龙	
29	达堆节	农事	四月十八	西藏日喀则	祈福，转田，射箭，拔河，歌舞	省（区）级
30	祭祀山神	农事	四月十八	四川白马	煨桑，祭山神，求雨	
31	江孜达玛节	宗教	四月十八至二十一	西藏江孜	展佛，跳神，跑马，射箭	国家级
32	拜鹰节	宗教	五月初一至十五	西藏林芝	煨桑，转山，朝拜神鹰，祭拜木教祖师	省（区）级
33	林卡节	文体游乐	五月初四	西藏全区	郊游野宴，歌舞表演	
34	若木尼	农事	五月初四	四川嘉绒藏区	煨香煨桑，挂风马旗，祭山神	
35	赏花节	文体游乐	五月初四	四川马尔康	赛马，射箭，歌舞	
36	羌族瓦尔俄足节	文体游乐	五月初五（农历）	四川阿坝	祭神，表演歌舞	国家级
37	拉也合	宗教	五月初五	西藏全区，四川藏族羌族聚居区	祭神，献牛	
38	桑吉曼拉节	农事	五月初五	西藏全区，四川藏族羌族聚居区	上山采药，游乐	
39	智达得钦节	宗教	五月初十	西藏山南	庆祝花生降生，跳神，施舍	

续表

序号	节庆活动名称	类型	时间（藏历）	举办区域	主要活动内容	入选非物质文化遗产情况
40	南木傲瑶	宗教	五月十三	西藏全区、四川藏族羌族聚居区	念咒驱逐暴雨	
41	煨桑节	宗教	五月十三	西藏拉萨	煨桑，祭祀战神	
42	跑马山会	文体游乐	五月十三	四川甘孜康定	赛马，祭山	
43	大佛瞻仰节	宗教	五月十四	西藏日喀则扎什伦布寺	展佛	
44	工布江达曲果节	农事	五月十五	西藏林芝	转经祈福，祈祷丰收	省（区）级
45	西巴斗熊节	文体游乐	五月十五	西藏波密	煨桑，焚香，歌舞，斗熊，制熊，放熊	省（区）级
46	扎崇节	商贸	五月廿	四川阿坝	锅庄表演，赛马，交易	
47	祭山节	宗教	五月某天	西藏定日	拜祭山神	
48	曲顿节	宗教	五月某天	西藏朗县	跳神舞，念经，施舍	
49	那达节	牧事	五月某天	西藏那曲	为羊进行净礼	
50	吉那望果节	农事	五月底六月初	西藏贡嘎	念咒保丰收，转农田，歌舞藏戏，赛马	省（区）级
51	林卡节	宗教	六月初一	西藏日喀则	游园，纪念莲花生到达日喀则	
52	藏北赛马会	文体游乐	六月	西藏那曲、安多	赛马，马术，射箭，举重，拔河	

续表

序号	节庆活动名称	类型	时间（藏历）	举办区域	主要活动内容	入选非物质文化遗产情况
53	丹伊得钦	宗教	六月初四	西藏全区	纪念释迦牟尼传授"四大真经"	
54	珠巴策希节	宗教	六月初四	西藏拉萨	纪念释迦牟尼初传法轮	
55	甘丹寺展佛节	宗教	六月初九	西藏拉萨甘丹寺	祈祷，朝佛	
56	夏季跳神	宗教	六月初九	四川德格	依西寺跳神	
57	迎神节	宗教	六月初十	西藏工布江达	煨桑、迎神、游乐	
58	黄龙庙会	文体游乐	六月十五	四川松潘	观看藏戏、民间歌舞	
59	插箭节	农事	六月十五	西藏安多	插箭祭山	
60	火把节	农事	六月十五	四川冕宁	祭祀火神，祈祷农业丰收	
61	仲确节	宗教	六月十五	西藏昌都	转神山，祭神灵	
62	观花节	文体游乐	六月十八	四川马尔康	煨桑、观花、表演藏戏、打靶	
63	雪顿节	宗教	七月初一	西藏拉萨	展佛、表演藏戏、游乐	国家级
64	赛马会	文体游乐	七月初一	四川红原	赛马、射箭、马术、游乐	
65	沐浴节	文体游乐	七月初六	西藏全区	洗刷物品、沐浴	
66	米拉日巴劝化法会	宗教	七月初一	西藏全区，四川藏族羌族聚居区	表演米拉日巴劝化猎夫的故事	省（区）级
67	"当吉仁"赛马会	文体游乐	七月初十	西藏当雄	赛马、射箭	
68	叶巴策久节	宗教	七月初十	西藏拉萨	叶巴寺跳神舞	省（区）级

续表

序号	节庆活动名称	类型	时间（藏历）	举办区域	主要活动内容	入选非物质文化遗产情况
69	四姑娘山转山会	宗教	七月十三	四川阿坝小金	撒龙达、跳锅庄、歌舞表演、登山	
70	祭祀山神	宗教	七月十五	四川白马	煨桑、祭山神、求雨	
71	帕邦唐廊节	宗教	七月十五	西藏热振寺	祭神石、念经诵咒跳神舞、赛马抢猪	
72	雅敦节	文体游乐	五月下旬	四川阿坝若尔盖	游乐、安多弹唱、煨桑、藏戏、歌舞、赛马	
73	红原牦牛文化节（祥隆节）	文体游乐	七月中旬	四川阿坝红原	歌舞、赛马、藏戏、游乐	
74	普珠节	宗教	七月某天	西藏萨迦寺	跳神	
75	割草节	农事	七月某天	西藏昂仁县	割草比赛	
76	牧乐节	农事	七月某天	西藏那曲	牧民游乐、祈求畜平安	
77	情歌音乐节	文体游乐	七月至八月间	四川康定	表演歌舞、游乐	
78	曲德沃望果节	农事	七月至八月间	西藏山南	转农田、庆贺丰收、赛马	省（区）级
79	颇章乡望果节	农事	七月至八月间	西藏山南	转农田、庆贺丰收、赛马	省（区）级
80	堆龙德庆果节	农事	七月至八月间	西藏拉萨堆龙德庆	转农田、庆贺丰收、表演歌舞	省（区）级
81	噶尔恰青赛马节	文体游乐	八月初一	西藏阿里	赛马、射箭、马术、交易	省（区）级

续表

序号	节庆活动名称	类型	时间（藏历）	举办区域	主要活动内容	入选非物质文化遗产情况
82	赛马节	文体游乐	六月十五	四川甘孜理塘县	赛马，游乐	省（区）级
83	下凡节	宗教	八月初八	西藏那曲	煨桑，纪念本教第二位祖师	
84	跳神节	宗教	八月初八	西藏全区、四川藏族羌族聚居区	跳神	
85	羌族白石祭	宗教	八月初八	四川阿坝理县	祭祀供奉三座自然白石	
86	迎神节	宗教	八月初十	西藏林芝	找宝名，迎回福气，祭神，赛马	
87	羌塘恰青赛马艺术节	文体游乐	六月末	西藏那曲	赛马，走马，举重，骑牛	省（区）级
88	牛王会	牧事	八月十五	四川冕宁	宰杀牺牲，祭碉楼	
89	藏巴拉节	宗教	七月初	四川阿坝壤塘县	供奉财神，祈福	
90	西莫钦布	宗教	八月某天	西藏扎什伦布寺	跳神，祈福禳灾	
91	赛马节	文体游乐	八月某天	西藏安多	赛马，游乐	
92	甘孜山地旅游节	商贸	八月中旬	四川甘孜	旅游推介，歌舞表演，赛马，藏戏，美食	

续表

序号	节庆活动名称	类型	时间(藏历)	举办区域	主要活动内容	入选非物质文化遗产情况
93	国际熊猫节	商贸	六月至七月	四川阿坝	旅游推介、藏羌歌舞、赛马、藏戏、美食	
94	珠峰文化旅游节	商贸	七至八月	西藏日喀则	招商引资、旅游推介	
95	央乐节	文体游乐	九月初	四川巴塘	表演歌舞、演藏戏	
96	珠庆节	宗教	九月十五至二十	西藏那曲	煨桑、跳神	
97	白朗斗牛节	牧事	七月底	西藏日喀则	数羊头、斗牦牛	省(区)级
98	牧人节	牧事	九月廿	西藏那朗县	欢庆牧人归来、歌舞表演	
99	神降节	宗教	九月廿二	西藏那曲	朝佛、转经、到寺庙献供	
100	拉保节	宗教	九月廿三	西藏拉萨	朝佛献供、拉萨河边煨香、祈祷	
101	涅槃节	宗教	九月三十	西藏那曲	煨桑、跳神、纪念本教第一位祖师圆寂	
102	代如节	宗教	九月某天	四川嘉绒藏区	煨桑、纪念阿尼郭东、表演歌舞	
103	工布新年	岁时	十月初一	西藏林芝、普兰	除旧迎新、游乐、赶鬼、请狗赴宴、吃"结达"、背水、祭丰收女神	省(区)级

续表

序号	节庆活动名称	类型	时间（藏历）	举办区域	主要活动内容	入选非物质文化遗产情况
104	羌年	岁时	十月初一	四川阿坝	家人团聚，祭祖，游乐	世界级
105	仙女节	纪念	十月十五	西藏拉萨	朝拜文武吉祥天母和松赞干布	
106	协曲	纪念	十月廿四	西藏色拉寺	燃灯，纪念色拉寺主降青曲结	
107	罗让扎花节	纪念	十月廿五	西藏全区	家宴，燃灯供佛	
108	燃灯节	纪念	十月廿五	西藏全区、四川藏羌聚居区	燃灯，宗喀巴圆寂日	
109	祭灶神节	宗教	十月三十	西藏全区	打扫灶房，装新灶神，设祭供奉	
110	还愿酬神	宗教	十月某天	四川阿坝	还愿酬神，守夜，吃羊肉	
111	热巴节	文体游乐	十一月初十	西藏波密帕雄	祭祀山神，歌舞游乐	
112	唤山节	农事	十一月十三	四川阿坝嘉绒藏区	牺牲祭祀，祈求生产丰收	
113	骂日节	纪念	十一月十三	四川阿坝嘉绒藏区	供祭甲烈，煨桑，歌舞，锅庄	省（区）级
114	冬季大法会	宗教	十一月廿五	西藏萨迦寺	跳萨迦神	
115	冬季跳神法会	宗教	十一月廿八	四川德格	跳神	

续表

序号	节庆活动名称	类型	时间（藏历）	举办区域	主要活动内容	入选非物质文化遗产情况
116	新龙十三节	岁时	十二月十三	四川甘孜新龙县	家庭聚会，驱邪，祭神，赛马，跳锅庄，舞蹈	省（区）级
117	日喀则新年	岁时	十二月廿九	西藏日喀则	祭祀山神，取四新，歌舞游乐	省（区）级
118	驱鬼节	宗教	十二月廿九	西藏日喀则	跳神驱鬼	

注：资料来源于
1. 林继富. 永远的太阳——西藏节日文化觅踪[M]. 拉萨：西藏人民出版社，2011.
2. 陈立明，曹晓燕. 西藏民俗文化[M]. 北京：中国藏学出版社，2010.
3. 李春雨. 藏羌文化与民俗[M]. 成都：西南交通大学出版社，2014.
4. 中国非物质文化遗产网. 世界非物质文化遗产名录[EB/OL]. http://www.ihchina.cn/index.html.
5. 西藏新闻网. 非物质文化遗产专题[EB/OL]. http://www.chinatibetnews.com/fy/.
6. 四川非物质文化遗产网. 四川非物质文化遗产名录[EB/OL]. http://www.scview.cn/.

商贸节庆 4 项（3%），岁时节庆 6 项（5%），文体游乐节庆 22 项（19%）。其中，宗教节庆、农事节庆和文体游乐节庆共 97 项，占节庆活动总数的 82.2%，可见川藏地区节庆旅游活动的类型相对比较集中，最常见的就是上述三种类型的节庆旅游活动，如图 2-1 所示。

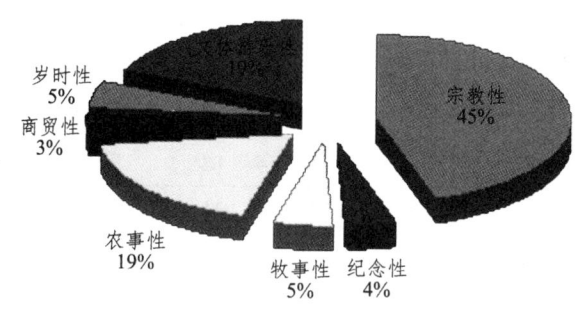

图 2-1　川藏地区节庆旅游活动分类占比

川藏地区节庆旅游活动的宗教内涵非常强，其浓郁的宗教色彩与其悠久的历史传统、复杂的社会背景紧密相关，主要体现在以下四个方面：

第一，部分节庆旅游活动直接源自宗教祭祀、宗教人物的诞生和圆寂、重大宗教事件的纪念活动。这种节庆旅游活动从主题到氛围都具有宗教性，一系列活动都围绕着宗教信仰来建构和组织。

第二，部分节庆是以宗教寺院为据点构成的宗教法会，它具有节庆旅游活动的体系、层次和规模，既是僧俗共同参与宗教活动的集体场合，也是传讲宗教教义和教理的最佳时机。

第三，部分节庆旅游活动虽然不以宗教信仰为主题，但浸染了浓厚的宗教思想，诸如灵魂观念、轮回转世的信仰、善恶报应的理念等。

第四，一部分节庆旅游活动内容保留着某些宗教文化的母题或宗教化的情节，比如巫师、巫术、神灵、祭祀、服饰、语言等。

2.2.1.2　节庆活动的时间

从川藏地区 118 项主要节庆活动的举办时间来看，节庆活动在全年的时间分布并不均衡。节庆活动的时间分布大致有三次高峰期，分别在公历 2—3 月、公历 6—7 月和公历 8—9 月，具体情况如表 2-2 所示。

表 2-2　川藏地区节庆活动时间（月份）分布情况

月份	节庆活动数量	占比
正月（公历 2—3 月）	11	9.3%
二月（公历 3—4 月）	6	5%
三月（公历 4—5 月）	6	5%
四月（公历 5—6 月）	11	9.3%
五月（公历 6—7 月）	16	15.2%
六月（公历 7—8 月）	15	12.7%
七月（公历 8—9 月）	21	17.8%
八月（公历 9—10 月）	15	12.7%
九月（公历 10—11 月）	8	6.7%
十月（公历 11—12 月）	7	5.9%
十一月（公历 12—1 月）	5	4.2%
十二月（公历 1—2 月）	3	2.5%

除了上述三次小的高峰期以外，从图 2-2 还可以看出，川藏地区节庆旅游活动的举办时间主要集中于公历 6—10 月这个时间段，半数以上的节庆旅游活动都在这段时间内举行。

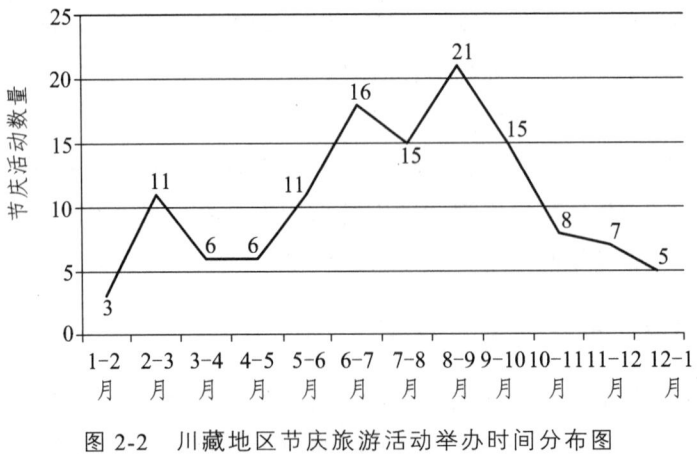

图 2-2　川藏地区节庆旅游活动举办时间分布图

除了 2—3 月以外，节庆旅游活动的时间分布规律基本上与西藏全年

月平均最高气温的分布规律是一致的,其原因有以下三点:

首先,由于节庆旅游活动多在户外开展,自然及气候条件对节庆旅游活动的影响较大。川藏地区多为高海拔地区,6—10月的气温相对较高,且夏秋两季的植被、水体等景观的可观赏性较强,因此这段时间内的节庆旅游活动较为集中。

其次,川藏地区的节庆旅游活动与当地农牧业的联系非常紧密,丰收前的祈祷和丰收后的欢庆是大多数农事和牧事节庆旅游活动的主要内涵,而 6—10 月正处于农牧业丰收期的前后,所以川藏地区农事性和牧事性的节庆旅游活动多集中于这个时间段。

最后,尽管公历 2—3 月的气候并不适合户外活动,但由于处于藏历新年正月内,与汉族习俗相同,藏族群众在新年正月内举办的各种辞旧迎新的节庆旅游活动比较多,从而形成了除公历 6—10 月以外的一个小高潮。

2.2.2　川藏地区节庆旅游资源评价

要想将节庆旅游活动打造成为旅游资源以推动川藏地区旅游业的发展,就必须从川藏地区各个节庆旅游活动的历史发展、文化内涵、活动内容、时间和空间、发展现状、品牌传播、自然与社会环境、区域发展水平等方面进行全方位的评估,因为并不是所有节庆旅游活动都适合进行旅游开发,节庆中的活动项目也并非都能移植到日常的旅游休闲活动中,加上节庆所在地的社会经济发展水平有差距,以及当地居民对节庆旅游的认知不同等因素,要实现节庆与旅游二者融合发展,只有在对川藏地区节庆旅游资源的具体情况进行全面了解的基础上,对其进行科学合理的旅游开发。因此需要构建一个对川藏地区节庆旅游资源进行评价的体系,并利用该体系对上述节庆旅游活动进行甄选,以便找出最适合进行旅游开发的节庆旅游活动项目。

按照节庆旅游资源的特点,按照评价数据的全面性、综合性、科学性、相关性和代表性等原则,得出对川藏地区节庆旅游资源进行评价的 3 个一级指标和 16 个二级指标。根据抽样调查和专家打分法,收集相关数据资料并借助 SPSS 统计软件对数据进行因子分析，运用层次分析法邀请专家确定各个指标的得分权重，最终构建川藏地区节庆旅游资源评价体系，如表 2-3 所示。

表 2-3 川藏地区节庆旅游资源评价体系

一级指标	二级指标	评价指标说明	分值
A1 基础条件（50%）	B1 地理区位	节庆旅游活动举办地与大中城市的距离	0~6
	B2 交通条件	节庆旅游活动举办地的内外交通条件	0~10
	B3 举办时间	节庆旅游活动的举办时间	0~5
	B4 生态环境	节庆旅游活动举办地的自然生态环境状况	0~6
	B5 基础设施	节庆旅游活动举办地所需的旅游基础设施状况	0~6
	B6 旅游景点	节庆旅游活动举办地 A 级景区的数量	0~6
	B7 区域发展	节庆旅游活动举办地的区域经济发展情况	0~5
	B8 安全状况	节庆旅游活动举办地在灾害和社会治安方面的情况	0~6
A2 内涵特色（25%）	B9 餐饮美食	节庆旅游活动中是否有特色餐饮美食项目	0~5
	B10 艺术表演	节庆旅游活动中是否有特色艺术表演项目	0~5
	B11 体育竞技	节庆旅游活动中是否有特色体育竞技项目	0~5
	B12 游乐活动	节庆旅游活动中是否有特色游乐活动	0~5
	B13 特色仪式	节庆旅游活动中是否有特色仪式	0~5
A3 发展现状（25%）	B14 遗产等级	节庆旅游活动在各级非物质文化遗产评选中的等级	0~10
	B15 开发现状	节庆旅游活动的旅游开发现状	0~5
	B16 知名度	节庆旅游活动被公众知晓的程度	0~10

依据我们所构建的川藏地区节庆旅游资源评价体系，通过搜集资料、问卷调查和专家调查，针对前述川藏地区 118 项主要节庆旅游活动的相关情况进行综合评价打分，最终得到川藏地区节庆旅游资源评价结果，如表 2-4 所示。

表 2-4 川藏地区节庆旅游资源评价结果（前十名）

序号	节庆名称	类型	时间（藏历）	举办区域	主要活动内容	入选非物质文化遗产情况
1	雪顿节	宗教	七月初一	西藏拉萨	展佛，表演藏戏，游乐	国家级
2	藏历新年	岁时	正月初一	西藏全区，四川藏族羌族聚居区	家庭聚会，拜年，美食，驱鬼	国家级
3	工布新年	岁时	十月初一	西藏林芝，普兰	除旧迎新，游乐，吃"结达"，背水，请狗赴宴，赶鬼，祭丰收女神	省（区）级
4	达堆节	农事	四月十八	西藏日喀则	祈福，转田，射箭，拔河，歌舞	省（区）级
5	堆龙望果节	农事	七月至八月间	西藏拉萨堆龙德庆	转农田，庆贺丰收，民间歌舞	省（区）级
6	黄龙庙会	文体游乐	六月十五	四川松潘	观看藏戏	
7	观花节	文体游乐	六月十八	四川马尔康	娱乐，观花，赛马，打扎	
8	扎崇节	商贸	五月廿	四川阿坝	锅庄表演，赛马，交易	
9	日喀则新年	岁时	十二月廿九	西藏日喀则	祭祀山神，取四新，歌舞游乐	省（区）级
10	跑马山会	文体游乐	五月十三	四川甘孜康定	赛马，祭山	
	羌年	岁时	十月初一（农历）	四川阿坝	家人团聚，祭祖，游乐	世界级

（说明：跑马山会与羌年的得分相同，并列第十）

从川藏地区节庆旅游活动资源综合评价结果来看，评分排名前列的节庆旅游活动体现出下列特征：

首先，节庆旅游活动的举办时间多数是适合户外活动的月份。举办时间在四月至十月的节庆旅游活动共有 9 个，在节庆旅游活动中占比超过 80%，这与前述节庆旅游活动时间分布的特征是相符的。受川藏地区的气候条件所限，旅游者所愿意选择的时间也主要分布在四月至十月，所以处于该时间段内的节庆旅游活动更适合作为旅游资源进行开发。

其次，以岁时和文体游乐为主题的节庆旅游活动更利于旅游开发。只占节庆旅游活动总量 24% 的岁时和文体游乐主题节庆旅游活动，在排名前十的节庆旅游活动中占比超过 60%。而在总量中占比较高的宗教、农事节庆旅游活动评价表现不佳，可能是因为基于旅游资源开发的节庆旅游活动，其客源对象更多针对的是除当地居民以外的游客，这些人对宗教和农事型的节庆旅游活动的内涵理解有较大难度，因此不利于作为旅游资源进行开发。

最后，高等级的非物质文化遗产节庆旅游活动的资源等级也较高。排名前十的节庆旅游活动中，有 7 项节庆旅游活动入选非物质文化遗产名录，并且全部为省（区）级以上。这与非物质文化遗产项目通常拥有比较丰富的文化内涵、悠久的历史、丰富的活动内容、较高的知名度、政府和社会的重视有着较大的关系。

2.3　川藏地区节庆旅游活动的主要内容

2018 年 3—5 月，根据笔者在线上和线下同时开展的问卷调查发现，居住在川藏地区以外的外地游客对川藏地区节庆活动的内容喜好程度，按照从高到低排序依次是美食、游乐、歌舞、射箭、赛马、转山、藏戏、祭祀、祈祷和跳神，具体情况如表 2-5 所示。从外地游客对节庆活动内容的喜好度来看，超过九成的游客喜爱川藏地区节庆活动中的美食内容，其次是超过六成的游客喜爱各种游乐项目，接下来就是超过一半的游客喜爱节庆活动中的歌舞艺术。除了这三项内容外，喜爱其他活动内容的游客比例都没有过半。

表 2-5　外地游客对川藏地区节庆活动内容的喜好度排名

序号	节庆活动内容	表示喜爱的游客占比
1	美食	91.41%
2	游乐	68.71%
3	歌舞	52.76%
4	射箭	40.49%
5	赛马	30.06%
6	转山	26.38%
7	藏戏	20.25%
8	祭祀	15.95%
9	祈祷	15.34%
10	跳神	7.98%

将川藏地区节庆活动常见项目内容与外地游客的喜好度作对比，发现外地游客对川藏地区节庆旅游活动内容中与宗教相关的祭祀、祈祷、跳神等仪式性活动的喜好度不高，而对于美食、游乐、音乐舞蹈、体育运动等活动内容比较感兴趣。究其原因，还是当地游客与非本地游客在文化背景和宗教信仰方面缺乏共鸣，外地游客对当地宗教和语言等方面不够熟悉，很难融入其中，节庆活动内容如果都与宗教相关，外地游客的旅游体验度就会比较差；而对于当地美食、游乐、音乐舞蹈和体育运动等活动内容，外地游客就能够比较容易地理解和体验其内涵，而无须再进行相关的知识储备和深入研究，所以节庆旅游活动中具有当地浓郁特色和文化普适性的美食、游乐、歌舞和体育竞技的内容对外地游客会产生较强的吸引力，旅游体验度较高。川藏地区节庆旅游对游客的主要吸引物是节庆的活动内容，而当节庆传统的活动内容与游客所喜好的活动内容不符时，势必需要对川藏地区目前节庆传统的活动内容进行相应的调整。下面简要介绍川藏地区节庆活动中对游客吸引力最强的四项内容：美食、游乐、歌舞和体育竞技。

2.3.1　美　食

川藏地区的特色美食丰富多彩，作为主食的糌粑，作为副食的土豆、萝卜、牛羊肉等，以及酥油茶、甜茶和青稞酒等饮品，加上藏式烹饪和饮食方式及礼仪共同造就了川藏地区独特的饮食文化。川藏地区与内地的饮食风味差别较大，对游客有很强的吸引力，几乎每一个节庆都会有品尝特色饮食的活动内容。

2.3.1.1 酒

藏族早在 1 000 多年前就开始酿酒，在漫长的历史进程中，形成了独特的藏族酒文化。在掌握了传入的复式发酵酿酒法后，模仿黄酒酿酒法酿制的青稞酒得到了当地民众的普遍喜爱，从而成为藏族的传统饮料。除了青稞酒，还有被称为"博让"的藏白酒，它与酒精度较低的青稞酒不同，采用二次蒸馏法制作，酒精度可达 30 度左右。藏族酒具有壶、杯、碗。西藏仁布县生产的绿玉酒壶和酒杯、酒碗，晶莹剔透，最受当地人喜爱。旧时贵族、土司家的酒具十分讲究，多为金银镶嵌绿松石、珊瑚珠，工艺十分精湛。

2.3.1.2 茶

川藏地区饮茶的历史十分久远，主要的茶有酥油茶、甜茶（奶茶）和清茶等，其中以酥油茶最为盛行。酥油茶可以说是藏族的第一饮品，是藏族人生活中不可或缺的重要饮品。用优质新鲜酥油打制的酥油茶浓香扑鼻，味道醇厚，十分可口，并且极富营养，酥油脂肪含量高，富含茶碱、维生素和微量元素，适合高原以肉奶等高脂肪、高动物蛋白为主要食物的民族改善饮食结构的需要。除了酥油茶，传统的清茶用砖茶熬煮加入适量盐制成，不加酥油打制，直接倒入碗内饮用。甜茶也是藏族十分喜欢的饮品，茶香浓郁，甜而不腻，深受年轻人的喜爱。

2.3.1.3 菜肴

次仁曲培先生编著的《藏式菜谱》一书汇编了近百种藏式菜肴。不同地方的藏餐菜点风格各异，大致可分为四大风味：以阿里、那曲为代表的羌菜；以拉萨、日喀则、山南为代表的卫藏菜；以林芝、墨脱、樟木为代表的荣菜；以过去王家贵族及官府中的菜肴为代表的宫廷菜。常见的特色菜品有洛畏（炒羊肺）、鲁久扎玛（油炸血肠）、各夏卡察（辣味头肉）、庶扎（炸排骨）、色夏玛扎（烤蘑菇）、夏金（生肉酱）、观胆（青稞酒奶酪红糖汤）等，人们经常食用的菜肴还有咖喱土豆、辣味土豆、虫草炖肉等。藏餐在口味上偏辣，辣椒和花椒是烹制菜肴时的主要佐料。传统藏宴有"嘎卓"（素宴）和"玛卓"（荤宴）之分，素宴以奶酪和蔬菜类菜肴为主，荤宴则以各式肉类菜肴为主。

2.3.1.4 主食及零食

藏餐的主食除日常的糌粑、米饭和面饼外，还有以面食为主的大量风味小吃，如夏帕勒（肉饼）、夏馍馍（肉包子）、土巴名达（什锦米粥或八宝粥）、索冈比希（油煎肉包子）、卓徹（面粉油糕）、中察（肉汤烩饭）、馍东（藏式窝头）、听吐（拉面）、蕃吐（藏面）、卓吐（小麦面）、岗木吐（青豆糊）、秋瑞（奶酪糊）等。有一些食品平时一般不做而多在节庆期间或婚嫁联欢等特殊场合才烹制，主要有曲退（奶酪糕）、玛徹（糌粑油糕）、卓玛折塞（酥油红糖人参果米饭）、观颠（青稞酒粥）等。藏族的特色零食也比较多，常见的有月（炒青稞花）、珍玛（炒蚕豆）、曲让（奶渣）、卡塞（油酥点心）等。

2.3.1.5 食俗

1) 茶酒习俗

喝酥油茶时，先将漂在茶上的酥油轻轻吹开再喝，同时不会将茶一饮而尽，往往会留一点，表示茶永远喝不完，财富充足。喝茶时很忌讳发出声响，否则会被认为不礼貌。喝青稞酒时，酒碗分大小碗，也分男女用碗。开始饮酒时，左手捧着酒杯，右手无名指轻轻蘸上杯中的酒，向空中弹一下，如此反复三次，表示对天、地、祖先的敬奉和对佛法僧三宝的祈祷祝福，然后再饮。不同于茶，喝酒时人们可以饮尽杯中的酒，尤其在主人要求"松芝聂达"（三口一杯）时，必须将最后一杯喝完。

2) 饮食礼仪

当地对饮食非常尊重。就餐时，忌讳用腿跨过家中的炊具，不能在炉灶旁放屁，不能往炉灶里扔垃圾等不洁的东西，不能直接在火上烤肉，就餐中途不能上厕所，不能把餐桌等当作椅子坐下，不能将腿放在桌子上，忌讳用有缺口、有裂痕的饮食器皿来招待客人和自己使用。此外，不管是何种食物和饮料，藏族人都会把最新鲜、最美味的食物最先敬奉给佛祖，以表示对佛祖的敬重。这些饮食礼仪都已成为藏族人的一种道德规则，成为人们必须遵循的行为规范。

3）饮食禁忌

在食肉方面，藏族禁忌较多，一般只吃牛羊肉，忌吃马、驴、骡、狗肉。除了极少数地区的部分居民食鱼以外，很多地方的藏族居民忌讳食鱼。人们不管吃牛羊肉还是鸡鸭肉，都会遵循"年夏萨马尼"的食用规则，忌吃现宰杀的肉，也不吃活的动物肉。此外，在吃肉的时间上也有所限定，每年"萨嘎达瓦节"期间大多数信教群众都会忌肉。对于教徒来说，如果要求转经拜佛，则要禁食大蒜。

2.3.2 游　乐

川藏地区节庆活动中的传统游乐项目较多，有一部分与内地游乐项目相似，但仍然有多个极具地方和民族特色的游乐项目是内地游客从未接触过的。节庆旅游活动的内容丰富程度对参与节庆旅游的游客来说非常重要，因为玩耍是人类的天性。川藏地区节庆旅游活动中常见的游乐项目活动内容如表 2-6 所示。

表 2-6　川藏地区游乐项目活动内容

项目分类	项目内容
棋牌类	二王棋、甲波（困死棋）、密芒（藏式围棋）、秀纠（掷骰子）、旺康（驴厩）、藏牌
技巧类	风筝、踢毽子、打陀螺、翻跟斗、抓石子
奔跑类	姜古堂鲁（狼吃羊）、那西代（赶牛）
跳跃类	跳绳对歌、跳长绳、拾放石头、刚得（跳方）
其他	弹克郎球（吉韧）、荡秋千

资料来源：丁玲辉，觉安拉姆. 西藏民俗体育与游艺[M]. 拉萨：西藏人民出版社，2017：26.

下面介绍川藏地区几项比较有特色且在节庆旅游活动中较为常见的游乐项目。

2.3.2.1 藏式围棋

藏式围棋在藏语中称为"密芒",又被人叫作"多目棋"。藏式围棋与中原围棋异曲同工,其下棋方法也比较类似。下藏式围棋可以因陋就简,席地而坐,在地上画个棋盘,找来羊粪蛋、土石块就可以摆棋局,很受藏族群众的喜爱。藏式围棋纵横各 9 线(或 11 线),黑、白各 32 子或 40 子,开局时各以 16 子放在相邻的 2 条边上,各上两角,然后交替移动棋子,每步一格,循线而进。如甲方一子在一条直线上被乙方二子所截,则提去甲方子而补以乙方子,至 16 枚补完为胜。藏式围棋的下法较多,可以 2 人对下,也可以 4 人或 6 人对下,每 1 人、2 人或每 3 人为一方,各方下子前,同一方的可以讨论下法。一般下棋时间不限,大多三四个小时就可下完一局。

2.3.2.2 二王棋

二王棋又叫作"杰布坚孜",是藏族群众比较喜欢的娱乐活动。这种棋不受条件限制,随时可玩。人们只要用石子在地面上画出具有 25 点的格子作为棋盘,并以小石子为棋子即可。二王棋有三种不同的棋盘,但基本形式差不多,交叉点分别是 31 个、37 个和 105 个。游戏的一方持 16 个小子,叫作兵(或羊);另一方持一个大子,叫作王(或虎)。二王棋的下法规定,持大子的一方先走,要想办法吃掉小子,必须跳一格才能吃。若小子把格堵死,则大子要一步一步地走。持小子的一方可根据战略需要将剩余的子每动一步向棋盘上布一个。待棋子全部布完后,则需要一步一步地移动棋子。该项目的胜负是由"兵"围住"王",或者说是"羊"围住"虎"。大子将小子吃光或使剩下的小子无法堵住大子时,大子方获胜;如大子被小子逼入棋盘上的王宫或虎穴,则小子方获胜。玩耍时双方轮流持大、小子,3 局或 5 局定胜负。

2.3.2.3 藏牌

藏牌叫"卜合青",又称博帕。藏牌是把骰子上 21 种不同处点子合在一张骨质或木质的牌上,以骰子为基础。字纹与汉族的长扑克牌相似,图案都是圆点形,涂以红、黑、白等色,大小与麻将一样。藏牌共 64 张,分天牌与地牌,天牌 44 张,地牌 20 张。藏牌的打法与麻将和汉族的长牌相似但不完全相同,其根本原则是以大打小,天地牌要分开,天不能打地,地不能打天。打牌时 4 人围坐,每次取牌时掷骰子确定先后,每人 16 张,然后用掷骰子的办法确定每一局中的将牌。开局时把 64 张牌立成 8 墩,然后掷骰子决定这局牌最主要的吃子牌面。出牌时可以出单张、双张、三张、四张,主要根据自己手中的牌势而定。藏牌玩法非常复杂,是一种高智商的较量,深受川藏地区民众的喜爱,适合在节庆旅游活动中开展。

2.3.2.4 克郎球

克郎球被称为"藏式台球",是不用球杆的台球。用手指直接弹击棋子,其规则与斯诺克类似,所以又叫作"藏族人的斯诺克"。克郎球来源于印度,后传入拉萨,经过多年的发展已成为藏族一种民间传统娱乐活动。克郎球的器具由台面和棋子组成,台面形似台球桌面,但比台球桌面略小,无桌腿,玩时置于桌上。台面四角各有一直径为 3.3 厘米的小洞,棋子为扁圆形,共计 20 枚,大小如同大衣纽扣,直径 2.5 厘米,厚度 0.5 厘米。其中黑、白棋各 9 枚,红棋 1 枚,母棋 1 枚用于弹击棋子,所有棋子都用桦木制成。玩法有 2 人单打或 2 人一组双打,采用三局两胜制,用手指弹击母棋,使其借力击打黑棋、白棋或红棋进入桌上四角的任何一个洞口。开赛后,先以白子围绕红子摆成"人"字形,再把黑子每三个一组并成"品"字形插入白子的"人"形空隙中,最后把剩余的三个白子分别点缀在黑子"品"字的最外面,谁先将黑子或白子加上红子用母棋弹入四角洞中便胜一局。克郎球不仅有利于手指的运动,还有多种战术,趣味无穷,爱好者年龄跨度很大,非常适合节庆旅游活动的外来游客体验娱乐。

2.3.3 歌 舞

川藏地区民众崇拜天神，认为任何事物的存在都是神的安排，高原上的一切都是神灵在冥冥之中操控的。在这种意志的反映下，祭祀神灵的活动随之出现。在这些活动上当地居民会用各种歌舞艺术活动取悦天神和表达自身的情绪，由此形成了法舞、藏戏、跳神等传统歌舞艺术活动。每次祭祀活动都会刺激各类社会群体发展各种歌舞艺术，促使活动得到普及和推广。因此川藏地区人民从小就能歌善舞，这里的歌舞艺术不完全是舞台上表演的概念，而是群众性的一种爱好和娱乐，可以说是"家家有舞，人人能跳"。对于节庆旅游活动的外来游客而言，欣赏并参加体验民族特色的歌舞活动，是川藏地区节庆旅游活动中不可或缺的重要环节。

2.3.3.1 歌 舞

川藏地区的藏族和羌族等人民能歌善舞，高山峡谷的自然环境造就了当地人民优美的歌喉和矫健的体魄，独特的农牧文化和劳动生活又造就了当地人民即兴歌舞的热情和情致。歌舞来源于民间，是劳动人民生活的写照，体现了他们对自然的崇敬和对神佛的敬仰。

1）藏族歌舞

藏族传统歌舞艺术种类繁多、特色鲜明，被用于有关人的生死、各种仪式及劳作等社会活动之中，主要包括民间歌舞、宗教歌舞、宫廷歌舞三大类。民间歌舞居主要地位，可分为民歌、歌舞音乐、说唱音乐、戏曲音乐、器乐等五类。宗教歌舞包括诵经音乐、宗教仪式乐舞"羌姆"、寺院器乐等。宫廷乐舞"嘎尔"只传于拉萨布达拉宫及日喀则扎什伦布寺。如此丰富的歌舞艺术形式，其主要的传播方式就是人们的口口相传和一些固定的宗教仪式、节日庆典等表演。

藏族的民间歌舞又可分为自娱性和表演性两大类。自娱性歌舞主要有谐、卓、果谐等，表演性歌舞主要包括堆谐、热巴、囊玛等。其中，果谐、堆谐和囊玛主要流传于雅鲁藏布江流域，谐、卓等主要流传在金沙江流域。

"谐"有歌舞之意，又称为"弦子"，以四川甘孜州的"巴塘弦子"

最为典型，属于农区的舞蹈形式。果谐就是圆圈舞，在前后藏地区的广大农村最为流行；堆谐是一种脚下打点的踢踏舞，在拉萨地区十分流行。"卓"俗称"锅庄"，是流传于牧区、半农半牧区的歌舞形式，是一种群众自娱性无伴奏音乐舞蹈，男女分别或混合站成弧形对唱而舞。表演时舞者相互牵手，共舞人数多时可达二三百人。"热巴"又称为"铃鼓舞"，艺人们手持手铃，以手鼓伴奏进行表演性舞蹈，除了舞蹈内容外，还有快板、对话和杂技等内容。

2）羌族歌舞

羌族的民间歌舞艺术同样丰富多彩，是中华民族艺术的瑰宝。羌族歌舞是人民生产和生活中不可缺少的内容，青年男女更是把歌舞作为进行社交活动的一种重要方式。羌族歌舞包括民间歌曲和民间舞蹈两部分。

羌族的民间歌曲题材广泛，语言生动，比喻贴切，不同的词套上不同的曲调演唱。如羌族特有的歌唱形式"酒歌"，主人和客人一边饮酒，一边轮流唱酒歌，歌曲的节奏缓慢但是旋律优美，歌词通常比较长，内容大多是祝贺、赞颂、酬谢以及叙述家史或追忆祖先业绩等。此外，羌族的情歌、劳动歌、喜事歌等都非常有特色。

羌族的民间舞蹈种类多样，特点鲜明，作用各异，但其基本动律有两种：一是身体的轴向转动韵律，二是上身倾斜转动的拧倾韵律。其主要形式是连臂、踏歌，以腿部动作为主。羌族的代表性舞蹈主要有萨朗、哟初步、皮鼓舞、铠甲舞和哈日等。萨朗又被译为"锅庄"，是羌族人民最喜爱，也是最常见的一种自娱性舞蹈，一般是男前女后围着火塘或场坝一圈，参加人数不限，连臂或不连臂，载歌载舞，沿逆时针方向迈进，速度由慢变快，娱乐性非常强。皮鼓舞又称为"羊皮鼓舞"，可分为独舞、对舞和集体舞等形式，边唱边击鼓和跳舞。

2.3.3.2 藏戏

藏戏是藏族戏剧的泛称，是一个非常庞大的剧种系统。由于青藏高原各地自然条件、生活习俗、文化传统、方言语音的不同，它拥有众多的艺术品种和流派。藏戏起源于 600 多年以前，比被誉为国粹的京剧还早 400 多年，被誉为藏文化的"活化石"。

藏戏种类繁多，但主流的是蓝面具藏戏。演出一般分为三个部分，第一部分为"顿"，主要是开场表演祭神歌舞；第二部分为"雄"，主要表演正戏传奇；第三部分为"扎西"，意为祝福迎祥。藏戏的服装从头到尾只有一套，演员不化妆，主要是戴面具表演。藏戏有白面具戏、蓝面具戏之分。藏戏的传统剧目相传有"十三大本"，经常上演的是《文成公主》《诺桑王子》《朗萨雯蚌》《卓娃桑姆》《苏吉尼玛》《白玛文巴》《顿月顿珠》《智美更登》"八大藏戏"，此外还有《日琼娃》《云乘王子》《敬巴钦保》《德巴登巴》《绥白旺曲》等，这些传统剧目基本上都含有藏传佛教的内容。

藏戏既含有苯教巫舞、早期祭神仪式跳神的因素，又具有道歌、演述故事的因素。从艺术形式上看，巫舞、跳神、藏戏本身的不断发展和互相渗透，不仅保持了它们固有的仪式的属性，更主要的是还形成了比较系统和完善的审美观，并作为审美对象为僧侣和民间所接受，从而形成了藏戏形式的内在框架，即戏剧表述成为一种信仰习俗。无疑，苯教的巫舞、早期的跳神、藏戏三种因素的混合发展，使藏传佛教祭神仪式——跳神，成为藏族戏剧发生的根源。它是宗教节日的催生物，无论内容还是表演形式，都是藏族的文化传统，因此得以延续与传承。藏戏历史悠久，在多个重大的节庆旅游活动中都是主要的表演内容之一，具有缜密的表演程式，在藏族人民精神生活中具有无法替代的地位。由于受到严格的宗教神规制约，藏戏在发展过程中受其他文化影响较少，从表演内容到表演形式更多保留了原始风貌。正是由于藏戏与其他地区的传统戏曲差异较大，歌舞艺术中的藏戏环节对节庆旅游者才有着很强的旅游吸引力。

2.3.4　体育竞技

2.3.4.1　活动起源

川藏地区民间传统体育内容丰富，形式风格迥异，与其游牧生活习性联系紧密。作为游牧民族，以牧为主，随畜而迁。采集、狩猎、游牧是当地民族早期社会生活的基本形式，在获取生存资料的活动过程中，人们掌握了跑、跳、掷、攀、射击等多种原始的运动技能。跑马射箭、抱石头、赛牦牛、掷石头等活动中原始劳作的烙印仍贯穿于生产劳作与娱乐生活中，多是农牧民喜闻乐见、容易开展的体育活动。这些活动不受场地器材、性别、体质条件的限制，具有简易性、娱乐性、健身性、大众化等特点，适合农牧区民众的健身需求。赛马、赛牦牛等项目，客观上让民众顺其自然，感受原生态体育活动，追求回归自然的休闲健身理念，显著地体现出与高原环境相适应的民族文化特色和民族认同意识，以及民族的历史、宗教、习俗和民族情感等特征，反映了不同时代的物质文化，是当地民族精神的体现。

川藏地区的传统活动一般在特定的季节或喜庆日子中举行。欢庆活动、文娱表演以及体育比赛，都是人们调节自身生活内容、节奏和调节个人精神情绪的一种具有综合性、群众性和阶段性的典型的闲暇娱乐生活方式。其主要目的之一是使人们在劳动之外的特定闲暇时间里尽情地休息、娱乐、享受生活乐趣，为提高人们心理健康和身体健康创造条件，并在活动中为人们提供展现自我、发现自我的舞台与契机，极大地满足人们的精神需求。

2.3.4.2 活动内容

目前川藏地区的社会经济水平尚不发达，群众体育仍处于起步阶段，因此在节庆旅游活动期间开展的多为花费低、简单适宜的民间传统体育活动。川藏地区节庆旅游活动中常见的体育竞技项目活动内容见表2-7。

表2-7 川藏地区体育竞技项目活动内容

项目分类	项目内容
骑射竞技类	赛马（达久）、走马赛、骑术（达则）、马上射击、射箭、马上射箭、响箭（碧秀）、赛牦牛、斗牛、射击、射弩、骑马点火枪
力量类	爬杆、举木、抱石头（朵加）、藏式摔跤（北嘎）、奔牛、格吞、大象拔河（押架）、跳竿
田径类	赛跑、跳远、调高、足力（快步、飞步疾行）、登山
冰水类	游泳、冷水浴、滑冰、牛皮船竞渡

续表

项目分类	项目内容
抛掷类	抛掷石头（古朵）、掷石打牛角
武术类	刀术、使矛术、搏斗术、砍术
其他	杂技、断木杆、弦子、武舞、攀藤索

资料来源：丁玲辉，觉安拉姆. 西藏民俗体育与游艺[M]. 拉萨：西藏人民出版社，2017：26.

川藏地区节庆旅游活动中的体育竞技活动丰富多彩，趣味无穷，下面介绍几项比较有特色且在节庆旅游活动中较为常见的体育项目。

1）赛马

赛马是藏族民间最古老、最盛行的体育竞技活动和娱乐方式之一。赛马活动最初产生于藏族古代部落社会，历经千百年的传承发展，至今仍是流传最广、最受人们喜爱的竞技娱乐活动。赛马大多分为长距离赛（马不备鞍，以速度取胜）、小跑赛（比马的形体俊美，步态端庄平稳，相当于走马）、马上拾哈达（技巧性的马上运动，在疾驰中俯拾地上的哈达，以快速多拾为胜）、马上射击和马上射箭几种比赛类型。从相马、驯马到赛马也有一系列的礼俗，有一套从实践中总结出的选择马匹优劣的方法。在川藏地区节庆旅游活动中，除了赛马以外，类似的活动还有赛牦牛等，赛牦牛同赛马的竞赛规则大致相同，只是赛牦牛的赛程较短，一般为200米左右。

表 2-8　西藏当雄赛马节比赛项目

类型划分	比赛名称
距离	长程赛（5~6千米）、中程赛（5千米以下）、短程赛（0.5~1千米）
马的类型	骏马赛、马驹赛、母马赛
骑手	成人赛、孩子赛、姑娘赛
马上技巧	马上弯腰拾宝（银元、哈达、碎石）、马上献青稞酒、跑马射箭、口摘鲜花、马上拔旗、挥刀砍旗杆
马上形体表演	马上倒立、侧转、镫里藏身、单挂、左蹦右跳、仰翻
其他	无骑手骏马赛、走马赛、马和骑手的衣饰评比

2）射箭

射箭的藏语为"达喷"。在川藏地区，由于长期狩猎和游牧的需要，射箭技艺得到了不断的发展，射箭活动十分普及，深受群众喜爱。由于射箭活动强身健体的效果显著，它逐渐演变为一种重要的锻炼手段和教育内容，随着进一步的发展和完善成为现代体育运动项目。目前在川藏地区，无论是农区还是牧区，节庆旅游活动期间都要举办包括射远、拉弓、射准等项目的射箭比赛。射箭分为站立射与骑射两种。站立射又分为射远与射准两种。射远比射程，主要考验射手的臂力和弓的张力；射准则考验射手的准确性。可以两人比赛，也可以多人比赛。射程一般为80~100步。射箭比赛所用的弓是传统的牛角弓，由专门的工匠以牛角、木片等为原料制作而成，上面彩绘各种花纹或图案，弓由牛筋制作。箭由羽毛、箭杆、箭镞组成。箭杆用松木和竹子等原料制成，箭镞用铁打制而成，一般有棱镞和尖镞等。[1]

3）藏式摔跤

古代川藏地区生产力不发达，徒手作战技术十分重要，因此摔跤成为军事训练的重要项目和技能。摔跤历史悠久，是至今仍盛行的竞技活动。目前川藏地区民间的摔跤因为不受场地限制，简便易行而最为流行。藏式摔跤可以分为固定式、自由式、背抵式等形式。固定式摔跤也称"死跤"，即摔跤手双方互相交叉抓住对方腰带或搂抱对方腰部以上的部位，用摔、拉、掀、提等方法将对手摔倒，并使对手背部着地，计赢得1个回合，以连续三次摔倒对手为胜。自由式摔跤则没有过多的原则，适合随时进行，可用脚勾、踢对方的脚。背抵式摔跤的形式是双方背抵背而立，向后与对方双手相挽，同时用力将对手背起双脚离地为胜。[2]

4）抛石

抛石又称"古朵"，是川藏地区开展的一项比较普遍的民间传统体育项目。"古朵"抛石的投远与投准比赛是独具藏族特色的体育竞技活动。

---

[1] 丁玲辉，杨海航．西藏古代体育文化[M]．拉萨：西藏人民出版社，2010：70．

[2] 阿绒甲措．藏族文化与康巴风情[M]．北京：民族出版社，2004：149．

"古朵"的制作方法是用黑白牛羊毛捻成的粗毛线，编成长约 1.75 米的蛇形花毛绳，上端是一个约 6 厘米的如蛇头的套环，中部缝一个椭圆形皮碗，蛇尾缝 10 厘米长、1 厘米宽的白羊毛编织袋作为鞭梢。使用时将套环套在中指，用食指和拇指握住鞭梢，在皮碗内放一个小石块对准目标，上臂提鞭在头顶抡圆环摆动，最后大臂前伸放开鞭梢，利用离心力将石子抛出去，与现代的链球运动有些相似。比较简单的玩法是比谁抛得远；比较复杂的玩法是设定标靶，参赛者不能击倒标靶，最后以所抛石头离标靶最近者为胜。在川藏地区的许多赛马节上，"古朵"比赛是必不可少的竞技项目，主要有掷远、打靶和打气球等。抛石所用的绳子既用于放牧，也用于运动，还用于防身和定情订盟的礼物，比较讲究。

2.4　川藏地区主要节庆旅游项目概况

川藏地区适合作为旅游资源开发的重点节庆旅游活动中，既有唯一入选世界级非物质文化遗产的羌年，也有知名的国家级非物质文化遗产雪顿节、藏历新年，还有未入选非物质文化遗产但多个因素都非常符合旅游开发要求的黄龙庙会等。下面选择川藏地区具有代表性的 4 项节庆旅游活动进行简要介绍。

2.4.1　雪顿节

雪顿节是西藏最具盛名和最有影响的节庆旅游活动之一，也是藏民的生活与宗教精神结合得最为成功的节日。雪顿节由藏语"雪顿"和汉语"节"共同组成，藏语里的"雪"是酸奶子的意思，"顿"有"宴"和"吃"的意思，因此对于藏民而言，雪顿节就是"雪顿"的聚会，即吃酸奶子或以酸奶为宴会主食的节日，从其真正的内涵来讲，雪顿节应是一个饮食类的节日。而西藏的僧侣们对"雪顿节"的解释则与其教理相关。藏传佛教格鲁派创始人宗喀巴对西藏佛教进行了一系列改革，制定了许多严格的戒律。比如，当天气转暖，藏历四月至六月间，为了避免伤害和危及各种小生灵的生命，不准僧人出寺活动，要求僧人在寺内安心念经修习,称此为"上期夏令安居"。到了开禁的日子,僧人纷纷下山,这时农牧民们拿出准备好的酸奶子敬献给僧人,寺院也在此时招待僧徒酸奶白糖米饭,举行野宴游乐,称为"亚乃噶意",这个习俗逐渐发展成了雪顿节。

如表2-9和表2-10所示,随着西藏对外经济文化交流的迅猛发展,如今的雪顿节已经成为集宗教信仰、文艺表演、体育竞技、招商引资、经贸洽谈、商品展销和旅游休闲等于一体的传统文化与现代文明相结合的节庆旅游活动。2006年经国务院批准,雪顿节被列入第一批国家级非物质文化遗产名录。

表2-9 2015年雪顿节活动节目单

序号	时间	地点	活动内容
1	8月14日	拉萨市群众文化体育中心	雪顿节开幕式
2	8月14日	哲蚌寺、色拉寺	雪顿节展佛活动
3	8月14—20日	罗布林卡、宗角禄康公园	优秀藏戏展演
4	8月14—20日	罗布林卡	第五届西藏唐卡艺术博览会
5	8月15—16日	西藏宾馆	第二届藏族音乐研讨会
6	8月8—18日	拉萨市多所中学	第二届"体彩杯"足球联赛
7	8月16—20日	纳木错	第九届纳木错国际徒步大会
8	8月14日	圣地天堂洲际酒店	净土健康产业招商引资项目推介会
9	8月14—17日	西藏会展中心北展馆	净土健康产品展销会

资料来源:张鸣. 2015年中国拉萨雪顿节活动节目单出炉[EB/OL]. [2015-08-02].http://media.china.com.cn/gdxw/2015-08-02/477733.html.

表2-10 2017年雪顿节活动节目单

序号	时间	地点	活动内容
1	8月21日	拉萨市群众文化体育中心	雪顿节开幕式
2	8月21日	哲蚌寺、色拉寺	雪顿节展佛活动
3	8月21—27日	罗布林卡、宗角禄康公园	优秀藏戏展演

续表

序号	时间	地点	活动内容
4	9月1—3日	诸子归教育、拉萨市青少年综合性实践基地	藏棋普及表演赛
5	9月3—5日	藏戏艺术中心	改编传统藏戏《卓娃桑姆》专场演出
6	9月1—7日	藏戏艺术中心	第四届藏戏大赛
7	9月2—7日	拉萨市群众文化体育中心	雪顿节嘉年华
8	8月23日	北郊赛马场	民族传统马术表演
9	8月20—25日	纳木错	第十一届纳木错国际徒步大会
10	8月20—27日	拉萨市群众文化体育中心	名优商品交易会
11	8月21日	圣地天堂洲际酒店	雪顿节招商引资项目推介会
12	8月30日	拉萨市群众文化体育中心	台湾民俗文化美食展

资料来源：王慧. 2017年拉萨雪顿节十大活动安排出炉！快安排行程嗨起来吧！[EB/OL]. [2017-08-16].http://www.sohu.com/a/165059711_651004.

从2015年和2017年雪顿节的活动内容来看，雪顿节原有的内涵和活动内容已经有了很大程度的变化。以2017年雪顿节为例，它包括综合的文艺表演、展佛、藏戏、藏棋、民众狂欢、马术表演、徒步探险、商品交易、招商引资，甚至还有其他地区的文化美食展览。这种演变使雪顿节已经成为集合多种藏族文化元素的综合性节庆旅游活动，加之雪顿节的举办时间多在气候适宜且为暑假旅游高峰期的公历8月，举办地又是藏族文化的中心城市——拉萨，多种有利因素使得雪顿节成为川藏地区最适合进行旅游开发的节庆旅游活动之一。

2.4.2 羌　年

羌年也叫"羌历年"，羌语为"日美吉"，意为吉祥欢乐的节日，是羌民族一年一度庆丰收、话团圆的民族传统盛会，其内涵与汉族的春节、藏族的藏历年等民族节日相近。根据地方的不同，羌年又有"羌历新年""过小年""丰收节""还原节"等多种叫法。羌年在每年的藏历十月初一举行，持续 3~5 天。有的村寨要过到十月初十。按民间习俗，过羌年时还愿敬神，要敬祭天神、山神和地盘业主（寨神）。全寨人要吃团圆饭、喝咂酒、跳莎朗，直到尽欢而散。整个活动仪式由"许"主持，咂酒则由寨中德高望重的长者开坛。节日期间亲朋好友可互道祝贺，相互迎请。羌年是羌民族集原始宗教信仰、历史传说、传统歌舞、饮食游戏于一体的综合性民间节庆旅游活动。其主要目的是通过节庆旅游活动传承以下两大体系：一是节日中"释比"通过言传身教将祭祀过程、释比经文、历史传说等传统文化知识传授给自己的族群；二是区域性的群体传承，羌年节日活动中的全体寨民通过祭山还愿、载歌载舞、餐饮娱乐等系列的民俗活动，将传统文化代代相传。羌年主要分布于四川省绵阳市北川县和阿坝藏族羌族自治州的茂县、松潘县、汶川县、理县以及其他羌族聚居区。羌年已于 2009 年列入联合国教科文组织非物质文化遗产保护名录。

表 2-11　2017 年汶川羌年活动节目单

序号	时间	地点	活动内容
1	11 月 20 日	龙溪乡东门寨	转山祭祀
2	11 月 20 日	威州镇锅庄广场	民族风情歌舞展演
3	11 月 20 日	威州镇锅庄广场	篝火晚会
4	11 月 20 日	汶川县北部乡镇	康养旅游嘉年华
5	11 月 20—21 日	威州镇锅庄广场	非遗民俗活动展示
6	11 月 15—20 日	全县	迎新祈福
7	11 月 20—30 日	各小学及县博物馆	羌城之语文化推广活动
8	11 月 15—20 日	威州镇	羌乡之貌

资料来源：伍排勇, 王望. 新鲜出炉：2017 年汶川羌年活动时间表[EB/OL]. [2017-11-15]. http://mini.eastday.com/mobile/171115161946664.html.

2.4.3　藏历新年

藏历新年又称藏历年，是藏族人民一年中最为隆重的传统节日，与汉族的农历新年大致相同。藏历年从藏历正月初一开始，到正月十五日结束，持续15天。因为全民信仰佛教，节日活动洋溢着浓厚的宗教气氛，是一个庆祝和祈祷功能兼具的民族节日。新年的准备工作一般在前一年的十二月初就开始了。除购置吃喝玩乐的年货外，家家户户都要制作"切玛"糌粑以及青稞麦苗，并供奉在神案正中，祈祷来年五谷丰登。临近节日，男人们打扫庭院，妇女则制作"卡赛"，即一种酥油炸成的面食，涂以颜料，裹以砂糖。"卡赛"既是装饰神案的艺术品，又是款待客人的佳肴。旧年最后一个月的二十九日，人们把灶房打扫干净，在门窗上挂上新的帘布，屋里铺上新的卡垫，还要在打扫干净的灶房墙上正中或在房梁上用干面粉撒很多白粉点，叫"亚色"，并画上"八宝吉祥"图案。傍晚，各家要吃面疙瘩"古突"，到了晚上则要举行"古朵甲"仪式。三十日，把糖果等饮食摆在主房的佛龛前作为供品，还要在大门外用白土画上万字符"卍"等图案，同时还要在灶前放一份"卡赛"等供品，以供奉灶神。初一早晨鸡叫头遍后，主妇们便起床到附近水源处背回第一桶净水。每家派人到山顶煨桑。主妇们回到家后把煮好的"观颠"送给正在熟睡的全家老幼喝，起床后大家一起吃"智土"。之后，全家穿上节日盛装到"竹素切玛"前，共同祝贺新年。初一一大早，"哲噶"会挨家挨户地拜访祝贺新年。上午，大家带上哈达等，到附近寺庙朝拜佛像，并到和自家关系比较密切的喇嘛和上师处登门拜年。太阳出来时，每家由两个人带上青稞酒和"竹素切玛"到各村相互拜年。回家时，全家聚在一起吃午餐，喝酒、唱歌、跳舞，欢聚一堂。初二，开始外出做客或相互请客。初三，各家都要举行更新经幡的"脱索"活动，并在附近山顶上煨桑。初四至十五日，一般都是藏历新年的娱乐时间。十五日下午，有一种特别的锅庄，即"扎西杰"，表示新年结尾。过了下午，每家都会把新年供品卸下来，各自开始准备进入忙碌的工作之中。藏历年是藏族人民在劳动生产过程中创造的节日，其内容和形式充满浓厚的民族和宗教色彩，是整个藏族文化习俗的一个缩影。2011年5月，"藏历新年"经国务院批准，列入第三批国家级非物质文化遗产名录。

2.4.4 黄龙庙会

黄龙庙会又称黄龙寺庙会。黄龙寺位于四川省阿坝州松潘县岷山南麓丛山中，背依海拔5 588米的岷山主峰雪宝顶，因山顶上的清泉带着钙质飞腾而下，铺满了乳黄色，犹如一条黄龙飞腾而下的自然奇景，镶嵌着3 400多个大小彩地相互连接、五彩交辉。自明代建寺以来，黄龙寺香火一直旺盛，逐渐形成赶庙会的风俗。庙会吸引了邻近省、州、县信众朝拜，逐渐演变为附近藏、羌、回、汉各族人民共同的传统民俗节日。每年六月初十起，各地游人骑马、乘车或徒步，带上炊具、帐篷来到这里旅游。集会上，人们不但要观赏黄龙寺的风光，而且要举行藏戏表演、民歌对唱，青年壮士们还要进行摔跤、射箭等活动。六月十五是节日的高潮，人们载歌载舞，通宵达旦。黄龙庙会是若干地区多个民族齐聚一地共同庆祝的传统文化节日，因各地宗教不同、民族不同，各自举办仪式和开展活动也有所不同。儒家、佛家、道家、伊斯兰教等各种信众亲如一家，各自都会安排不同的时间进行诵经、祭祀、祈福、敬香等仪式。游客可以领略到藏、羌、回、汉各族男女祭拜黄龙真人的场面，能品尝到酥油糌粑、黄龙豆腐、洋芋糍粑等各种风味小吃，能观看到舞龙、舞狮、跳锅庄、对情歌等热闹场面，能购买到各种别致的民族工艺品。目前，黄龙文化旅游节已经成为集中感受世界自然遗产"黄龙"绝妙的自然风光和奇异的民风民俗的盛大节日。

3 川藏地区节庆活动与旅游业的互动影响

川藏地区的传统节庆活动资源丰富多彩,其中不乏具备深厚文化内涵和强大市场吸引力的节庆,它们具有较高的旅游开发价值,可以通过旅游开发,给当地带来经济、文化、社会、环境等各方面的积极效应。旅游业在川藏地区的产业布局中占有非常重要的地位,旅游业的发展需要传统节庆旅游活动这样的优良载体,而节庆活动又需要借助旅游业的发展丰富自身的内涵,扩大影响力。因此,在研究如何发展川藏地区节庆旅游之前,需要深入分析节庆活动与旅游业之间存在的相互影响。

3.1 川藏地区节庆活动对旅游业的影响

3.1.1 积极方面

3.1.1.1 丰富了旅游地的旅游产品结构

与其他旅游类型相比较,川藏地区的节庆活动依托当地特有的民族文化、历史文化、宗教文化等,具有深刻的参与体验性。随着人们生活水平的提高和旅游经验的丰富,那种"走马观花"式的观光旅游已经远远不能满足人们的深层次需要,而节庆活动则能在很大程度上满足人们交往、消费、参与的体验需要。节庆活动使当地的人文和自然旅游资源以动态的方式得到再现,极大地丰富了旅游地的旅游产品结构。目前大多数旅游资源是静态的,在消费者越来越偏好动态性旅游活动的今天,它们正逐渐丧失其原有的吸引力。动态性的节庆旅游正是在这一形势下产生的，并迅速得到广大游客的喜爱。它的出现使得旅游目的地旅游产品结构更加完善、更加丰富，使旅游地旅游资源实现动与静的完美组合，增强了旅游地的吸引力。川藏地区的旅游资源十分丰富，除西藏自治区外，四川全省世界级、国家级旅游资源 50%以上分布在四川藏族羌族聚居区，因此吸引了大量游客。但多数游客在川藏地区的旅游活动还是最初级的观光旅游。川藏地区各种传统节庆活动的举行，将静态的川藏地区自然风景与动态的节庆旅游活动恰到好处地结合在一起，游客除了欣赏川藏地区的自然风景，还可以深度参与到节庆活动之中，体验当地文化的魅力。因此节庆旅游活动的发展可以使川藏地区的旅游产品更加多种多样，使旅游吸引力得到进一步加强。

3.1.1.2 拓宽市场，增加客源

动态的节庆活动能在短时间内形成较大的轰动效应，有利于增强潜在旅游者对当地旅游信息的感知，从而促使旅游者做出到该地出游的决策。川藏地区的节庆活动与传统汉族地区的节庆旅游活动有较大差异，包括其节庆活动的内涵和主要活动内容，这些差异正是产生旅游吸引力的主要原动力。利用节庆活动的举办进行旅游营销推广，对拓宽川藏地区的旅游客源市场、改善客源结构有积极的作用。以 2018 年拉萨雪顿节为例，节日期间拉萨市共接待国内外游客 288.98 万人次，同比增长 20.48%，旅游总收入 9.81 亿元，同比增长 25.28%。[①]其中，一日游游客 232.86 万人次，同比增长 20.06%，过夜游客 56.12 万人次，同比增长 22.24%。

3.1.1.3 带动相关产业，促进旅游目的地经济发展

节庆活动对旅游目的地经济的带动功能同时表现在供给、需求和供需配合三个方面。在供给方面，节庆活动的组合性可以精确指引旅游企业诸生产要素的融合。在需求方面，节庆活动的招徕性可以自发牵动旅

---

① 琼达. 2018 年拉萨"雪顿节"旅游市场情况[EB/OL]. [2018-08-22]. http://www.lasa.gov.cn/lasa/xwzx/2018-08/22/content_1065293.shtml.

游活动诸市场要素的整合。在供需配合方面,节庆活动的季节性可以弥补旅游市场的欠缺,快速启动旅游消费。而这三方面效应的积累,最终将驱动旅游经济诸因变量的升级,助推旅游目的地的经济发展。从现实表现看,在节庆活动期间,大量游客都要在旅游地进行消费,为旅游目的地带来了直接和间接的发展机会。节庆活动的举办,不但为城市吸引了更多的游客,而且延长了游客在城市的停留时间,游客不再把旅游城市仅仅当作交通口岸。大量游客在刺激当地旅游业的同时,还带动了交通、餐饮等相关行业的发展,促进了旅游目的地的整体经济发展。强有力的经济基础又反作用于当地旅游业,促进其发展并形成良性循环。如西藏阿里地区利用举办2018"第七届象雄文化旅游节"的契机,成功签约19个项目,总计投资6.05亿元,项目涵盖阿里地区噶尔、普兰、札达、日土、革吉、措勤6个县,涉及农牧、工业、文化、旅游、能源、商贸流通、交通运输等方面,极大地促进了西藏阿里地区的经济发展[①]。

3.1.1.4 完善旅游地的旅游基础设施

良好的基础设施和旅游服务设施是旅游业发展强有力的依托和必不可少的条件,旅游地快速发展尤其需要高标准的设施条件,能同时满足当地居民的生活需求和外来游客的旅行需要。节庆旅游活动是发生在短时间内的有大规模游客参与的旅游活动,因此旅游地的基础设施和旅游服务设施的条件优劣将直接影响游客的旅游质量,尤其是交通、宾馆设施。在节庆旅游活动举办前期,旅游地往往会进行较大规模的配套设施改造和建设,使旅游地进入异于正常速度的特殊发展时期,为旅游地旅游基础设施的完善提供了良好的机遇。以日喀则珠峰文化旅游节为例,为保证前来参加节庆旅游活动的游客的旅行质量,当地政府抓紧时间完善旅游基础设施。加快珠峰公路建设,改善珠峰景区沿线路况。抓紧时间建设了白坝自驾游营地、巴松村旅游示范村、扎西宗乡游客集散中心、绒辖沟度假村和曲宗游客集散中心、岗嘎关帝庙和五星级宾馆以及直升

---

① 温凯,旦增旺姆.第七届象雄文化旅游节,阿里地区签约十九个项目[N].西藏日报,2018-08-01(1).

机坪，彻底改善了当地的旅游大环境。同时，整合提升现有资源。对协格尔、白坝、岗嘎、扎西宗43家家庭旅馆在"金银铜"评级的基础上进行晋位升级。除了硬件设施外，还通过技能培训提升当地367名家庭旅馆从业人员的服务能力与水平，通过业务培训提升旅游局、珠峰管理站及景区乡镇讲解员的能力素质，打造一支与珠峰旅游相匹配的专业的管理和服务队伍，从硬件和软件两方面提高当地的旅游接待能力。

3.1.1.5 对旅游地形象的宣传效应

旅游地形象（又叫旅游形象）是一个整体概念，是由旅游地内各种单一的旅游资源、旅游基础设施、城市总体景观、居民好客度等多种因素共同组成的。简单地说，旅游形象就是旅游地在人们心中的印象。旅游形象是一个旅游地吸引游客的内在动力，是旅游地旅游竞争力的重要组成部分。只有那些具备鲜明的、独特的旅游形象的旅游地才有可能形成一定规模的旅游活动。但是旅游形象的创立不是一朝一夕就可以完成的，需要长期的、大力的宣传，从而使人们潜移默化地接受并形成对某一旅游地的良好形象。旅游地由于在节庆活动期间高强度、多方位、大规模的宣传以及所引起的广泛关注，形成了巨大的轰动效应，能够使更多的人通过各种媒介或实地游览对旅游地产生深刻印象，从而在短期内强化旅游形象。西藏日喀则利用珠峰文化旅游节加大旅游推介力度，对客源地、职业、年龄等要素进行市场调查与分析，适时到客源地有针对性地举办旅游推介会。积极组团参加西藏自治区举办的各类旅游交易会、旅游博览会，同时借助《中国旅游报》、西藏电视台、青海电视台、四川电视台、康巴卫视、东方卫视、日喀则电视台、《日喀则日报》、东方网等媒体对外宣传节庆旅游活动和旅游景点，并利用定日珠峰旅游网开通珠峰动态直播，会同地区电视台在珠峰大本营架设珠峰风景高清直播摄像头，一方面供央视作节庆旅游活动现场直播用；另一方面进行商业开发，在地区电视台开设"巅峰之旅"节目，为游客提供娱乐和视频收藏。这样，通过各种报纸杂志在国内外广泛宣传珠峰文化旅游节，塑造旅游城市的形象，中央电视台及各地方电视台对文化节的连续报道更是强化了这一宣传效应。对这一节庆旅游活动大范围、高密度、全方位的宣传，扩大了人们对西藏日喀则的感知环境，加强了人们对旅游城市形象的认识，为日喀则旅游的发展创造了大量的潜在客源。

3.1.2 消极方面

3.1.2.1 增加旅游目的地的承载压力

川藏地区的生态环境较为脆弱，景区的承载力相对较小，川藏地区的旅游基础设施也不够完善，节庆活动引起的短时间内大规模游客的涌入，将在交通、噪声、废弃物等方面对川藏地区旅游目的地居民的正常生活带来一些问题，大量人口的暂时停留将带来超出以往的生产、生活资料的消耗和能源的使用，也会造成旅游地物价的大幅上涨，使游客和居民的经济负担加重。大量游客涌入景区如果不加以控制，还可能超过景区旅游承载力，直接造成对景区的破坏，影响旅游景区及旅游地的可持续发展。如果景区内有大量当地居民，游客的涌入势必导致当地居民的生活空间缩小，对居民正常生活产生干扰。

这种问题在大多数热门旅游目的地是普遍存在的，通常的做法是控制和分流游客，避免大规模的旅游者在短时间内涌入同一旅游目的地。对于川藏地区节庆旅游而言，两省区协同发展，共同打造同一节庆活动，或在不同地区同时开展不同的节庆活动，从增加旅游目的地和游客选择的范围入手，提高川藏地区的旅游承载力，解决承载压力的问题。

3.1.2.2 降低游客的体验满意度

由于川藏地区节庆活动在时间上较为集中，旅游旺季时，在一定时间和空间内的游客过多，游客的旅游成本必然上涨，而景区内外的交通拥堵、旅游活动中较长时间的排队、较大的接待压力导致现有的基础设施和服务无法满足大量游客的需求，会导致当地旅游业在短时间内出现供不应求的现象。当游客付出较高的旅游成本后，一旦旅游质量得不到保证，游客对川藏地区旅游的满意度就会下降，进而影响到今后至关重要的游客口碑宣传。

由于传统节庆活动的举办时间与旅游旺季基本重合，要消除旅游旺季游客体验度下降的负面影响，川藏地区的旅游业就要注意灵活发挥节庆旅游的功能，在旅游淡季期间策划举办新兴的节庆活动，引导游客在淡季期间赴川藏地区旅游，从而平抑旅游淡旺季之间的差距，提高游客的旅游体验度。

3.2 川藏地区旅游业对节庆活动的影响

3.2.1 积极方面

3.2.1.1 传承传统节庆

在现代旅游业的发展过程中，人们逐渐认识到节庆活动在某种程度上已成为塑造地方形象、吸引游客的重要因素之一。川藏地区的藏历新年、雪顿节、望果节、黄龙庙会、羌族新年等传统节庆活动不但可以延续，地方政府还在原有的基础上深入挖掘节庆文化的精髓，对传统节庆活动重新进行了包装和设计，扩展节庆的活动内容或增加新的活动方式，营造出喜悦欢腾的节庆氛围，以扩大参与者的规模，这就从正面促进了传统节庆文化的传承，并且通过节庆旅游产业的发展，创造传承传统文化的经济条件。如四川甘孜州的理塘赛马节，是由民间的六月转山会演变而来的，已经有400多年历史。1964年，政府将这个节日固定在每年8月1日举行，故又称"八一赛马节"。除了赛马，赛马节还是领略理塘民风民俗的缤纷舞台。背水、搭帐篷、穿藏装、捏糌粑、打酥油茶等比赛饶有趣味，民族服饰表演、藏戏表演、跳弦子、跳锅庄、唱山歌等活动更是异彩纷呈。赛马节也是牧民和商贩交易商品的大好时机，兽皮、药材、奶渣、酥油等土产和外来的布匹、茶叶、日用品、珠宝等以传统的"袖中议价"方式在此交易。理塘赛马节已被列入四川省非物质文化遗产名录。

3.2.1.2 改造和恢复传统节庆活动

随着旅游业的发展，川藏地区对当地传统节庆旅游资源开始重视起来，许多地区通过改造和恢复该地区原有的但知名度不高或已经消失的传统节庆活动，使之成为可以进行旅游开发、当地民众与游客共同欢度的节庆活动，不仅增加了川藏地区当地节庆旅游资源，当地传统节庆活动的内涵也有了很大的提升。如四川丹巴嘉绒藏族风情节，最早源于唐宋时期，本来是人们为了庆祝农业丰收举行的庆祝活动，每当把庄稼种下或收割完庄稼后，大家都聚在一起跳锅庄、唱山歌，以庆祝丰收和对来年的祈福，该节日是四川丹巴县的传统节日，但主要以本地居民为主，并没有考虑到外来游客的参与。随着社会的发展，2002年改造后的丹巴嘉绒藏族风情节成了集古碉藏寨、嘉绒选美、大型锅庄、民族歌舞、精美服饰、农耕体验以及田园观光等于一体的文化节庆旅游活动，其中最精彩的活动内容从原有的农业丰收庆祝变为嘉绒选美比赛。经过形体和才艺展示两个环节，最后从30名丹巴姑娘中评选出"金花"1名、"银花"2名、"石榴花"3名。选美比赛进一步扩大了丹巴"美人谷"的影响力和知名度。

3.2.1.3 创造新的节庆活动

在川藏节庆旅游业的发展过程中，为了展示当地的特产、特色文化和民俗而举办的节庆旅游活动陆续被创造出来，这些全新的节庆旅游活动大多结合了当地的人文风情和自然风光，结合了活动主题和内容符合时代特色和需求的现代民族节庆，新兴节庆活动的推陈出新使川藏地区民族节庆资源宝库得到了大大的丰富，同时与时俱进的节庆活动内容也让川藏地区的节庆旅游产业不断与世界接轨，其竞争力不断提高。如四川康定本是茶马古道重镇和藏汉交会中心，因一首民歌《康定情歌》的广泛流传成为著名的"情歌之城"。为探索出一条全域旅游和乡村振兴的绿色产业发展路径，当地创造了一个新的节庆旅游活动——四川康定情歌国际音乐节。在节庆旅游活动现场设置了民族音乐演唱会、百威电音狂欢、非物质文化遗产文创展演、康定创意文创产品展销、木雅赛马会、特色美食汇等精彩环节，表演者除了国内的汉藏歌手，还邀请了国外的知名歌手和乐队参与，整个节庆旅游活动吸引了数万名来自国内外的音乐爱好者和游客。类似的新兴节庆活动还包括汶川大熊猫节、甘孜山地旅游节等。

3.2.2 消极方面

3.2.2.1 可能造成节庆活动的过度商业化

如果川藏地区节庆旅游产业过于强调经济上的盈利，可能会造成川藏地区传统节庆活动的过度商业化。过度商业化会导致民族文化多样性的削弱，这对传统文化继承和发展将造成不利的影响。在欧美许多发达国家，节庆旅游产业的发展一开始也同样导致当地传统节庆活动的过度商业化，例如每年11月的第四个星期四是美国传统的感恩节，之后的一天称为"黑色星期五"，是圣诞购物季开始的标志。于是感恩节的回家团聚、共享感恩节晚餐、观看感恩节大游行等活动被在商场排队购物所取代。

川藏地区节庆旅游产业力争做到"自我造血"，追求商业回报是很正常的，但是需要控制其商业开发的程度，不能将经济盈利作为节庆旅游产业首要的考虑因素。事实上，节庆活动的商业化程度是可以人为控制的，只要突出节庆活动主要内容的公益性，限制其过度的商业性，追求节庆旅游产业带动川藏地区社会经济发展所取得的间接经济效益，而不是节庆旅游本身的直接经济效益，就能够有效地防止节庆活动的过度商业化。以前面提到的美国感恩节为例，政府采取了从节日当晚到次日在全美范围内增收营业税的做法，使得商家纷纷降低促销力度，鼓励人们留在家中而非商场去度过这个重要的节日。

3.2.2.2 影响民族文化的原真性

民族文化是一个民族得以生存和延续的根本，也是民族地区旅游业得以可持续发展的核心基础，因此民族地区基于节庆旅游活动的旅游开发必须要以保护民族节庆文化的原真性和维护其延续性为前提。[①]民族文化的原真性是指民族文化在历史积淀和发展中所形成的体现民族文化精神的一种自然性和真实性。民族文化的原真性极易在与外来文化互动过

---

① 成功伟. 挑战与应对：节庆旅游与少数民族文化的原真性和延续性[J]. 贵州民族研究，2013（4）：121.

程中受到冲击而发生改变。随着民族节庆旅游的发展，民族地区的建筑、服饰、发型、饮食、生活方式等主要文化要素受汉族文化影响的现象已经有所显现。

节庆旅游与文化遗产保护的关系的本质是地方经济与民族文化的一种互动关系。一方面，适当的旅游开发会给节庆地区带来巨大的经济效益，可以为加强民族文化的保护注入源源不断的资金；另一方面，功利性地开发少数民族节庆活动对文化的传承非常不利。少数民族文化是节庆旅游产业可持续发展的决定性要素，离开了传统文化，节庆旅游产业就是无本之木。因此，在发展节庆旅游产业时，对待民族文化，不能只有开发利用而缺乏保护，需要坚持保护性开发的基本原则，保护民族文化的原真性。只有这样，才能保证旅游客源地与旅游目的地之间明显的文化差异，进而增强对旅游者的吸引力。

3.3 川藏地区节庆旅游产业的影响

节庆活动与旅游业融合之后就自然形成了节庆旅游产业。众所周知，发展旅游业都会对旅游目的地、旅游客源地、旅游业参与者产生一定的影响，节庆旅游产业也不例外。由于在节庆旅游产业中，节庆旅游活动是主要内容和核心吸引物，因此节庆旅游产业的影响就是旅游地通过举办节庆旅游活动，给旅游目的地、旅游客源地和旅游活动参与者带来的经济、社会、文化、环境、政治等方面有形的和无形的影响。[①]

3.3.1 研究体系

节庆旅游产业对外的影响不仅取决于节庆旅游活动本身的属性，还和经济、资源、环境、交通等许多要素密切相关。旅游本身就是一个复杂的系统，节庆旅游同样是一个多层次的、复杂的系统概念。对节庆旅游产业对外的影响进行评价涉及对系统内各要素的评价，因此评价节庆

---

① 连建功，贾红丽. 论节庆旅游的价值构成[J]. 商丘职业技术学院学报，2010（1）：55.

旅游业的影响首先就需要构造一个研究体系，在此基础上去探究它对不同对象和区域的影响，如图3-1所示。

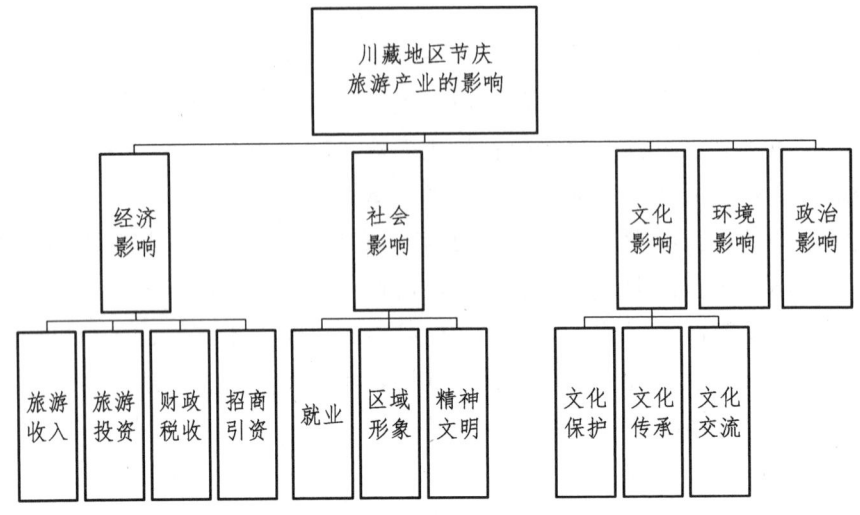

图3-1　川藏地区节庆旅游业的影响研究体系

从节庆旅游活动的角度出发，节庆旅游对经济、社会、文化、环境、政治等五个方面的影响都是有所体现的。但是具体到不同举办主体、性质、主题、规模的节庆旅游活动，上述影响的体现又是有所差异的。从川藏地区节庆旅游的实际发展状况来看，节庆旅游的经济和社会影响是同等重要的，而实际上政府举办的节庆旅游活动更注重社会和文化影响，企业举办的节庆旅游活动的经济成分要高于社会文化成分。此外，文化类节庆和经贸类节庆的影响也是存在差别的。不管什么类型的节庆，经济、社会和文化影响都是其主要的影响，环境影响是其附带影响。因此，针对川藏地区不同主体举办的节庆旅游活动，其影响的体现应该根据节庆旅游活动自身情况具体分析。

3.3.2　经济影响

一般情况下，各种旅游形式的本质都是经济活动，经济影响体现在旅游活动中都是第一位的，从节庆旅游活动最初"文化搭台，经济唱戏"的举办宗旨也可以看出这一点。综合分析川藏地区节庆旅游的经济影响，经济影响主要包括旅游收入、旅游投资、财政税收和招商引资四个方面。

首先，节庆旅游活动的举办为旅游者和川藏地区当地居民提供了大量有趣的活动和消费场所，并且节庆旅游活动因常常与川藏地区独特的自然环境相互依赖，而成为有特色的旅游吸引物。加上节庆旅游活动给川藏地区旅游目的地带来的巨大影响力，接待游客数量在节庆期间明显上升，极大地拉动了川藏地区旅游目的地的旅游收入。节庆旅游的关联经济收入具有较好的乘数效应，不仅包括传统的交通、餐饮、住宿、门票、娱乐、购物等的收入，还包括节庆旅游配套活动的收入。如 2017 年的拉萨雪顿节期间，拉萨市共接待游客 239.85 万人次，同比增长 19.75%；实现旅游总收入 7.83 亿元，同比增长 25.48%。同期配套的名优商品交易会接待观众 18.5 万人次，展会现场成交额 4 518.5 万元，合同成交额 6 320 万元，总成交额达 1.08 亿元。[①]

其次，发展节庆旅游，就需要大力投资建设和完善节庆旅游所需要的旅游软硬件，这在很大程度上能够促进当地的经济发展，同时，旅游收入的不断增加也刺激了社会和企业对川藏地区当地的旅游投资。由于川藏地区社会经济发展的水平与内地还有较大差距，因此目前的旅游投资方向主要是针对川藏地区的旅游基础设施，包括餐厅、酒店、交通设施、旅游景区及其附属设施。对于旅游基础设施较为完善的地区，旅游投资在逐步向从业人员的培训、旅游企业股权投资等旅游软件方面转移。如四川省旅游发展委员会、四川省投资促进局、北京产权交易所共同承办的每年一次的中国（四川）国际旅游投资大会，就积极将四川藏族羌族聚居区的旅游投资项目包装并对外广泛招商，其中"四川·大东女国阳光度假旅游项目群"项目涉及甘孜、阿坝两州的小金、丹巴、金川、马尔康、壤塘等地，是"川藏世界旅游目的地"的重点建设项目之一。基于该区域的自然风光，多姿多彩的民俗风情，神秘、独特的女性文化，以及藏区少有的适宜城镇和度假"规模发展"的 U 型河谷地形条件等特点，我们可以打造出与世界接轨的、以"度假区+景区+旅游小镇+汽车营

---

① 杨小娟. 2017 雪顿节名优商品交易会总成交额破亿[N]. 西藏日报，2017-09-06（1）.

地"为特色的阳光度假旅游目的地。仅仅在第二届中国（四川）国际旅游投资大会上，该项目群就推出旅游招商引资项目 33 个，投资规模达 200 亿元。①除节庆旅游活动所依托的旅游基础设施和旅游软环境建设外，节庆旅游活动本身也需要投资建设，如拉萨雪顿节多年来一直缺乏正规的主会场，因此拉萨市投资 5.4 亿元在拉萨市东郊江苏大道的拉萨河畔建设了西藏自治区首座综合性国际会展中心，项目占地 478 亩②，主要包括 1.5 万平方米的 1 号馆和 1.6 万平方米的 2 号馆，以及 6.7 万平方米的室外展场和大型人工湖、音乐喷泉及地下室、停车场等附属设施。该会展中心建成并投入使用后，成为为国内外、区内外企业提供产品展示、贸易洽谈、旅游促进、招商引资、经济技术合作等全方位服务的大型展览中心。目前该会展中心除了承办雪顿节，还承办了中国西藏旅游文化国际博览会等大型节庆旅游活动。

节庆旅游活动举办地通过节庆旅游的平台展示地方物产和文化，其主要目的就是要把这些物产和文化包装并推广出去，因此，每一个节庆旅游活动中的招商引资都是不可或缺的项目，也是当地政府最重视的内容。如 2017 年拉萨雪顿节招商引资项目推介会共达成签约项目 75 个，总投资 319.85 亿元，其中正式签约项目 45 个，总投资 185.5 亿元；意向签约项目 30 个，总投资 134.35 亿元。集中签约 31 个招商引资项目，总投资 168.23 亿元，包括易拉罐及灌装生产线项目、拉萨院子建设项目、莲华之宝陶瓷文化产业旅游园项目等。③这些签约项目所属的产业与雪顿节的传统内涵之间的关系其实并不大，但通过雪顿节的平台，外来投资者可以了解和接触拉萨企业的营商环境和市场情况，从而做出投资决策。

3.3.3 社会影响

除了经济方面的影响，川藏地区节庆旅游对于当地社会的影响也是

---

① 杨帆. "全域旅游"撬动投资热潮，四川旅游风光无限迎客来[N]. 四川日报，2016-08-03（1）.
② 1 亩≈666.666 7 平方米（m²）。
③ 王惠芳. 2017 年拉萨雪顿节达成招商引资签约项目 75 个，总投资 319.85 亿元[EB/OL]. [2017-08-21]. http://www.sohu.com/a/166219510_266317.

非常显著的，主要包括三个方面：就业、区域形象和精神文明。

举办一次大型的节庆旅游活动不仅可以给举办地带来经济效益，还能为举办地带来大量的就业机会。川藏地区节庆旅游的发展对劳动力就业的带动效应主要体现在三个方面：首先，旅游业是劳动密集型产业，同时节庆旅游活动的环节和内容众多，餐饮、住宿、导游、交通、会议、展览等活动服务能够吸收大量的劳动力就业；其次，旅游景区、基础设施、节庆旅游活动设施的建设和完善能够直接提高建筑与建材行业的就业水平；最后，节庆旅游的发展能够通过乘数效应波及其他行业，从而带动其他行业就业水平的提高。据测算，旅游业每增加 1 个直接就业人员，社会就能增加 5~6 个就业机会。对于节庆旅游的从业者，无论是旅游产品的供应者，还是节庆旅游活动的志愿者、一般工作人员，甚至是节庆旅游的中级管理人员，几乎全部或者大多数来自当地。节庆旅游活动要想尽善尽美，就需要对所有参与节庆旅游的人员进行教育培训，所以节庆旅游在拉动就业的同时还提高了当地劳动力的综合素质。总体上讲，川藏地区的节庆旅游人才是非常缺乏的，从业人员素质偏低一直是川藏地区节庆旅游的最大短板之一。节庆旅游活动组织者主要是当地的政府人员，他们并非旅游专业方面的人才，甚至有些人员对旅游专业完全不了解，对节庆旅游活动的安排、过程和内容都缺乏必要的专业性和实操经验。因此，节庆旅游的开展能极大地促进当地的就业和劳动力素质的提高。

除了节庆旅游活动本身所获得的收益外，节庆旅游的开展对区域形象和知名度的提升还发挥着非常重要的作用，当前很多地区的节庆旅游活动大多以区域营销的方式存在。首先，节庆旅游活动属于事件的范畴，而事件营销本身就是一种市场营销的方式和手段；其次，节庆活动成为旅游目的地形象的一部分，每一个节庆旅游活动的开闭幕式和新闻报道都在宣传当地的人文与自然风貌，所以此时的节庆活动已经成为地方营销的载体；最后，大型节庆旅游活动的举办需要强大的资金保证，而其大众化、公益性的特点决定了它不可能短期内收回成本，只能带来区域环境改善、形象提升、知名度提高等积极影响，为进一步招商引资奠定基础。节庆旅游有利于塑造城市形象，可以拉动城市发展，产生经济、社会、环境效益。影响目的地知名度的因素多种多样。节庆旅游活动过程中产生出的社会价值属于非经济因素。它贯穿于地区经济运行与发展的过程中，外在因素不断转化为内在因素，从而对该地区经济的健康运行和可持续发展起到相应的促进与推动作用。伴随着本地区经济发展到一定程度，节庆旅游活动的经济意义将不再明显，而其社会意义会更加突出。节庆旅游活动的举办也自然由政府行为逐渐过渡为民间行为，其性质亦会蜕变为非经济利益目的的一般性节庆旅游活动。[①]

大型节庆旅游活动的举办对川藏地区精神文明的提升也发挥着不可估量的作用。节庆旅游对精神文明方面的影响主要是通过当地群众参与节庆旅游活动来体现的。通常来说，旅游产品主要是为外地旅游者提供的，但是从川藏地区的实际情况来看，节庆旅游产品的参与者有很大一部分是当地群众。因为节庆旅游活动的本质是大众化的、群众情感宣泄的工具和方式，也是展现当地民族工作生活场景的平台。对传统节庆旅游活动内涵的了解和认知最深刻的是当地群众，对节庆旅游活动最有情感共鸣的也是当地群众。事实上，川藏地区当地群众的参与是节庆旅游活动必不可少的因素，所以节庆旅游不像其他旅游产品一样会把当地群众排斥在外，而需要大量的当地群众参与其中，才能让外地游客完整地体验节庆旅游活动的魅力。当地群众以不同身份和角色参与节庆旅游活动，特别是以主人翁的身份参与。适时为他们提供教育和培训的机会，不仅可以提升其基本素质和强化服务游客的理念，创造一种和谐的旅游环境，还能通过节庆旅游的开展和利益上的分配，加强和提升当地的社区、居民对本民族和本地区人文传统及自然环境的认同感和自豪感，从而提高他们的精神文明修养，增强当地社会的凝聚力，为传承和发扬当地节庆文化传统、发展川藏地区的节庆旅游打下坚实的社会基础。

3.3.4 文化影响

川藏地区节庆旅游的文化影响，主要体现在对当地的传统文化进行

---

① 石玉凤，王尚志. 地方经济文化节庆旅游活动综合价值的定量分析方法探讨[J]. 中国管理科学，2005（13）：261.

文化保护、文化传承和文化交流等三个方面。

从节庆的本质来看，文化才是活动的核心，最初的节庆完全是文化活动，最重要的是把静态的文化通过动态的活动展现出来，因此，文化影响的表现是节庆旅游持续发展的关键。丰富多彩的节庆旅游活动成为展示和传承传统民俗文化的载体和形式。目前我国大多数地区都在强调节庆旅游对当地经济和社会的影响，而忽视了节庆旅游对当地文化的影响。事实上，节庆旅游活动是充满地域文化色彩的文化活动，它既依托于文化产业建设，又是文化产业建设的重要组成部分，要求当地的文化产业为节庆旅游提供充分的给养和支撑，同时通过节庆旅游活动又对文化产业建设进行反哺，共同实现良好的经济与社会效益。由于节庆旅游活动是重新诠释一个群体或者社区社会存在的不同象征性因素的重大事件，因此节庆会产生再创社会关系与符号基础加固日常生活的效果。筹备和举办节庆旅游活动必然要经过挖掘民间民俗文化、整理当地非物质文化遗产的过程，从而收到恢复民族民俗文化的记忆、使民族民俗文化得以传承的效果。同时，将这些文化与旅游相结合，既会产生文化与旅游联姻的经济效益，又使一些民族和民俗文化得到人们的认同和喜爱，可以起到推进文化艺术发展、丰富群众文化生活、加强文化设施建设、做好文化遗产保护工作、扩大对外文化交流的作用。

川藏地区一直沿袭着当地的民间传统节日和节庆习俗，受外来文化的冲击相对内地而言较少，但仍有一些传统节日已经消失或不再受到重视。在川藏地区节庆旅游大发展的影响下，许多传统节日得以恢复，并成为该地区的重要活动，因此节庆旅游的发展在文化保护方面的影响非常深远。同时，在尊重、保留和挖掘川藏地区民族传统文化精华的基础上，通过节庆旅游的发展使得一些面临消亡的传统文化得到重生，促进了传统文化的传承和复兴。由于现代旅游业对旅游产品的质量要求，在传承原有传统文化的基础上，还需要定期更新和完善节庆旅游文化内涵，把握时代脉搏，给节庆旅游活动增加新的文化内容和形式，这就需要不断地与外部文化进行深入广泛的交流。从实际情况看，川藏地区与内地的交流融合、川藏地区与国外文化的交流融合给当地节庆旅游活动增添了新的内容，使传统节庆始终与时俱进，保持着旺盛的生命力。例如在

2017年四川康定情歌国际音乐节上，表演嘉宾不仅包括德艺双馨的藏族老艺术家才旦卓玛、藏区实力歌唱家容中尔甲、"藏族歌王"四郎贡布，还有一批深受藏区观众喜爱的新生代歌手边巴德吉、嘉央、索朗达吉等，以及来自网络的人气组合和国外歌手 Alina、Rim 等。

表 3-1　2017 康定情歌国际音乐节节目单（部分）

时间	歌手	演唱歌曲
14:40—15:30	DJ	电音打碟
16:15—16:35	达娃卓玛	《新康定情歌》《蝴蝶的翅膀》
17:05—17:25	巢乐团	《老康定记忆》《思念是一种病》
17:45—18:05	大浣熊乐队	《康定一夜》《白色独角兽》
19:05—19:25	Rim &Alina	Good Time
20:05—20:25	ANU	Fly
20:51—21:04	容中尔甲	《康定溜溜城》《高原红》《为梦想领跑》

资料来源：2017 年康定情歌国际音乐节节目单[EB/OL]. [2017-10-02]. http://www.66kangba.com/html/2017qinggejie/.

3.3.5　环境影响

环境是承载一切旅游活动和设施的基础，其质量的好坏直接决定游客的旅游体验。节庆旅游是以文化为内涵的旅游产品类型，但对自然生态环境也有着很强的依赖性，成功的节庆旅游活动应该能够让游客置身于优美的环境中去享受完美的文化体验。川藏地区的节庆旅游活动不仅在文化内涵上富有特色，在自然环境背景方面与内地也有较大的差异。自然生态环境是川藏地区节庆旅游重要的吸引元素之一，所以研究节庆旅游对于川藏地区环境的影响非常重要。

综合来看，川藏地区节庆旅游对环境的积极影响主要体现为大型节庆旅游活动的举办会促使节庆旅游活动举办地大力改善自然环境，同时通过宣传教育和节庆旅游的收益反馈，会很好地提高当地居民的环境保护意识，有利于今后川藏地区的环境保护工作。不过由于节庆旅游活动的"集聚效应"，节庆旅游活动在给旅游目的地带来巨大经济效益的同时，也带来了一些环境问题。根据国内学者的研究，节庆旅游带来的环境问题主要反映在植被、土壤、水质和空气等几个方面。川藏地区是国家重要的生态安全屏障，自身生态环境、水系、气候、土壤等对中国、对亚洲乃至全球均有着重要影响，生态功能地位举足轻重。川藏地区特殊的地理位置造就了当地独特的生态环境，但其生态环境非常脆弱。随着高原的抬升和全球气候变暖，川藏地区生态环境的脆弱性程度在不断加大，一旦遭遇破坏便很难恢复，生态环境的破坏又势必会对川藏地区经济社会造成难以评估的影响。因此，在川藏地区节庆旅游的实际开展中，节庆旅游活动的举办方应重视节庆旅游活动对当地植被、土壤、水体和空气的影响，尽量做好相应的环境保护措施，减少节庆旅游活动对川藏地区环境的消极影响。

3.3.6 政治影响

川藏地区属于社会经济发展水平相对较低的多民族聚居区，以藏族为主。多年来我国政府一直非常重视包括西藏自治区以及四川、云南、甘肃等在内的藏族羌族聚居区的政治、经济和社会的稳定，因此在川藏地区开展节庆旅游活动同样需要重视其政治影响。一方面，通过节庆旅游活动的举办，吸引国内外游客前来了解川藏地区的实际情况，让他们切身感受在党和政府的关怀下川藏地区社会经济发展所取得的卓越成效，同时通过节庆旅游活动进行宣传推广、招商引资，为当地的社会经济发展打下坚实的基础。另一方面，当地政府可以利用开展节庆旅游活动的契机，以传统节庆的时间要素促进建立民族团结进步的常态机制，以传统节庆的空间要素营造民族团结进步的良好氛围，以传统节庆的符号要素助力夯实民族团结进步的文化基础，以传统节庆的形式要素推动落实民族团结进步的具体行动。

4 川藏地区节庆旅游产业发展原则及战略

截至目前,川藏地区节庆旅游产业的发展还处于初级阶段,表现为区域内各地的节庆旅游产业各自为战,重复举办主题和内容相似的节庆旅游活动,不注重宣传推广和市场开发,节庆旅游活动与当地的文化旅游没有形成联动效应。究其原因,川藏地区没有遵循统一的产业发展原则及产业发展战略,也没有制定科学合理的产业规划和政策。因此,在制定川藏地区节庆旅游产业规划前,必须研究落实川藏地区节庆旅游产业的发展原则及战略,结合川藏地区的实际情况,才能制定出有针对性的产业规划。

节庆旅游产业的发展原则非常多,但并非全部适合川藏地区的节庆旅游产业。川藏地区的节庆旅游产业具有特殊性,需要基于川藏地区节庆旅游的基础条件和发展现状去研究落实产业的发展原则。

川藏地区节庆旅游产业的特殊性主要表现在三个方面:

首先,川藏地区节庆旅游产业是跨区域发展的产业。川藏地区包括四川和西藏两个独立的省级行政区,需要区域内各个参与主体的整合,包括两地政府、非政府组织、企业、个人等。

其次,川藏地区节庆旅游产业的发展需要整合会展与旅游要素。节庆旅游产业的核心吸引物是利用地方特有的文化传统举办的、意在增强地方吸引力的各种会展活动,所以节庆旅游产业需要会展业与旅游业的产业整合。

最后,川藏地区节庆旅游产业的内涵是多民族文化的融合。不同于我国大多数旅游产业发达地区,川藏地区节庆旅游活动的主要内涵源于藏族、羌族和汉族等多个民族的历史文化,因此在川藏地区节庆旅游产业的发展原则方面，必须重视产业要素中的多民族的文化融合。

鉴于川藏地区的基础条件和当地节庆旅游产业的特殊性，川藏地区节庆旅游产业的发展原则应以多元化、市场化、产业化和国际化这四点为主，同时辅以政府主导、市场导向、整合发展、品牌带动、非均衡发展以及可持续发展这六大战略，才能使旅游产业和节庆旅游活动得到较好的融合，推动节庆旅游产业又好又快发展。川藏地区节庆旅游产业发展原则及战略如图 4-1 所示。

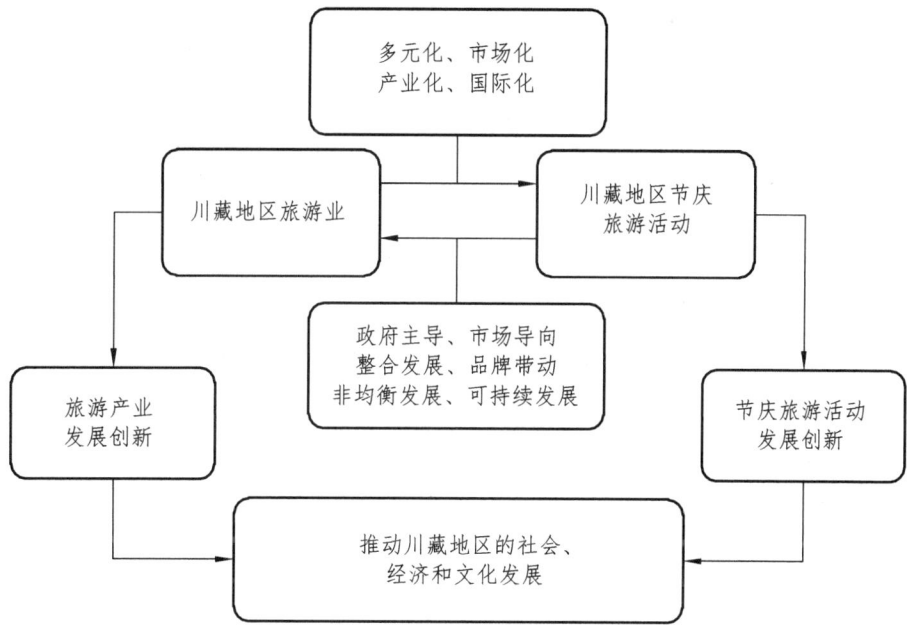

图 4-1　川藏地区节庆旅游产业发展原则及战略

4.1　川藏地区节庆旅游产业发展原则

4.1.1　多元化原则

从全球节庆旅游产业多元化的发展趋势来看，较为单一的节庆旅游活动正在逐渐失去旅游吸引力，多元化的节庆旅游活动以及相关的传统旅游要素共同构成的节庆旅游产品才是今后节庆旅游产业的核心产品。

目前，将节庆旅游活动作为旅游核心吸引物的川藏地区节庆旅游产业，必须将节庆旅游产业的多元化作为今后的主要发展原则。节庆旅游产业多元化的路径反映为活动主题内容的多元化、活动主办者的多元化、活动形式的多元化和活动目标的多元化。

从主题内容的多元化来看，节庆旅游活动的主题可以分为歌舞艺术节、狂欢节、休闲旅游节、民俗风情节、美食节等，多样化主题并存。从主办者的多元化来看，节庆旅游活动的主办者可以是政府主办、企业主办、社团主办、社区主办，各类节庆并行不悖。从形式的多元化来看，节庆旅游活动的形式包括产品的销售推广、群众文化活动、大型演艺活动、文化盛事、比赛探险、会议论坛、展览展示等。从目标的多元化来看，节庆旅游活动的目标多以提高知名度、目的地营销推广、招商引资、打造品牌、保护和传承传统文化、拉动地方经济等为主。

从川藏地区的基础条件、区域内节庆旅游产业的发展现状和发展趋势来看，川藏地区节庆旅游产业发展多元化原则的具体内容是：坚持围绕藏、羌民族传统节庆旅游活动的主题多元化；探索以"政府+企业+社团"为节庆旅游参与主体的组织结构多元化；根据市场主体的喜好和自身的特点实现所开展的节庆旅游活动的内容形式多元化；最终实现"打造节庆旅游品牌+建设国际旅游目的地+招商引资+传承发扬地方民族文化"等目标的多元化。

从当前节庆旅游的发展来看，由于节庆旅游活动主题内容存在多元化特色，能够推动节庆旅游产业的多元化发展，在节庆旅游活动内容的多元化、主办主体的多元化、形式的多元化和目标的多元化这四个维度的整体多元化发展下，节庆旅游产业的市场化、产业化和国际化被充分带动，因此节庆旅游产业的多元化原则是川藏地区节庆旅游产业发展路径中首要的基础性原则。

4.1.2 市场化原则

随着市场经济的发展，节庆旅游活动作为一种综合性的文化产品进入市场，不可避免地要遵循市场规律，重视成本与利润、投入与产出，建立投资回报机制，形成"以节养节"的良性循环发展模式。从根本上看，市场需求的变化是转变产业发展方式最终的原动力。从整个旅游产业发展情况看，旅游产品供给不足和人民群众日益增长的旅游需求之间的矛盾是当前的主要矛盾，因此必须针对市场需求转变旅游产业的发展方式。当前国内很多地区的节庆旅游活动无法做到"自己养活自己"，其根本原因就在于节庆旅游活动没有贯彻市场化原则。

节庆旅游的市场化原则可以被理解为三层含义：首先，建立能适应并推动市场经济发展的现代节庆旅游发展体系；其次，建立健全适应市场化需求的节庆旅游产业管理制度，包括建立综合的管理机制、加大行业监督管理力度、健全面向节庆旅游需求的公共服务体系；最后，建立健全基于市场化的节庆旅游活动创新体系，包括优化节庆旅游产业组织、拓展新兴的节庆旅游活动、提高节庆旅游产业的科技含量等。

在市场经济条件下，川藏地区节庆旅游产业要在加强政府引导的同时，坚定不移地让节庆旅游产业走向市场化，通过市场来探索节庆经济的基本规律，通过市场来激发节庆经济的潜在力量。要站在市场化的角度去思考，在节庆旅游产业发展过程中牢牢树立"投入—产出"理念，注重节庆旅游活动的赞助招商，吸引企业、社会和民众的参与，通过政府主导、企业运作的思路，探索"以节养节"的市场化发展模式。一个成熟的、具有品牌影响力的节庆旅游活动必然有其潜在的市场价值。目前川藏地区大多数节庆旅游活动仍然依赖于政府的全面扶持，从政策到资金，从活动的策划到宣传推广，都由政府大包大揽，市场回报近乎为零，更不要说做到"以节养节"。其根本原因就在于节庆旅游活动的市场化程度不高，水平不高。另外，节庆旅游走向市场化不仅仅是利用节庆旅游活动固有的发展模式，还要延伸节庆旅游特有的文化产业链，借力打力，借助节庆旅游活动这个载体去开发相关的旅游市场，让节庆旅游产业不断呈现出新的发展活力。总之，只有牢固树立节庆旅游产业市场化运作的原则，才能够发挥节庆旅游活动的带动效应和节庆旅游产业链的集聚效应，有效推动川藏地区经济社会持续健康快速的发展。

4.1.3 产业化原则

节庆旅游的产业化原则是指以节庆旅游活动旅游资源为依托，采用市场化手段对其进行开发和消费，形成产业运作，并通过产业结构的调整、优化以及观念、体制的创新，实现节庆旅游产业化的主导产业，如吃住行游购娱等传统旅游六大子产业的协调发展与合作，并产生联动效应，实现经济效益和社会效益的统一。节庆旅游活动与一般的旅游产品存在一定的区别。从产业关联性的角度看，与节庆旅游产业相关的部门或行业有旅游业、文化艺术业、政府公共管理和社会组织、餐饮业、市政建设部门、酒店业、建筑业、交通运输业、会展业、新闻出版部门、广播电视电影音像业、咨询服务业等，这些行业或者部门的发展状况对节庆旅游产业的发展都会产生不同的影响。反之，节庆旅游产业对这些行业或者部门的发展也有一定的产业关联影响。[①]

节庆旅游的发展必须坚持产业化原则是节庆旅游市场化运作的必然结果。在节庆旅游产业的市场化运作中，作为核心吸引物的节庆旅游活动的各个操作层面，包括策划、筹资、营销、物流、现场管理、舞台布置以及影响评估等环节的工作，都会交给不同的专业公司和机构负责，同时节庆旅游活动的举办还将带动鲜花、礼仪、会务、彩车制作等各个行业的发展。这些行业聚集在一起，自然就会形成一个具有产业链性质的节庆旅游产业。在节庆旅游活动主题和内容多元化开发的背景下，由于节庆旅游活动的主题涉及会议、展览、演出、赛事、具体旅游活动等不同领域，不同主题和内容的节庆旅游活动的具体运作方式之间存在很大差异，客观上需要进行产业化的专业运作。同时，川藏地区节庆旅游活动在近年来的发展过程中，由于地方政府大包大揽的运作方式，出现了很多弊端，所以节庆旅游活动的组织者们也在积极探索求变，希望进行节庆旅游产业的专业化管理，围绕节庆旅游活动，采用招标投标、合同契约等有序竞争的方式。此外，节庆旅游产业的相关企业如节庆旅游活动策划、礼仪服务、展会布置、节庆旅游活动管理等公司的兴起，也为

---

① 张芃婉. 少数民族节庆旅游发展对策研究——以新平彝族傣族自治县为例[D]. 昆明：云南财经大学，2014.

节庆旅游的产业化发展提供了可能。这种产业化发展的路径会大大提高川藏地区节庆旅游活动举办的效率和水平，同时提升川藏地区节庆旅游产业的盈利能力。

4.1.4　国际化原则

"民族的就是世界的"，川藏地区节庆旅游产业具有的民族性、广泛性、开放性，是其走向国际化的内在要求，也是其保持旺盛活力和持续发展的需要。节庆旅游产业的国际化原则主要体现在两个方面：第一，节庆旅游产业的国际化表现为内向性和外向性，即"引进来"的内向国际化、"走出去"的外向国际化。前者以商品服务进口、技术转让、人才引进等方式，吸引产品、服务、资金、技术和人才等要素；后者以商品服务出口、技术转让、投资等方式，将生产要素延伸到国际市场，吸引国外游客，促进节庆旅游产品的出口。内向国际化着重丰富节庆旅游活动元素及形成创意，外向国际化着重市场开拓和文化推广。无论是内向性还是外向性，从体验生产系统的角度来看，都要将各项节庆旅游活动元素嵌入核心产品之中，使消费体验的主体和内容实现国际化，包括主办者、表演者、观众、赞助商、广告商，以及节目、展台、服饰、物流、技术等多方面的国际化。第二，重点构建国际化的节庆旅游体验生产网络。体验生产网络的形成，就是节庆旅游产业的国际化和本土化相结合，实现全球本地化的过程。全球本地化是指节庆旅游活动到国外举办时，不断融入举办地文化，逐步实现本地化发展。要在国际化成长过程中采用"全球化思想，本土化运作"的方式，坚持特色与拿来主义的结合，实现政治、经济、文化、人才、技术等各类节庆资源要素的优化配置。[①]

在当前政治、经济、文化的国际性交流日益频繁的大环境下，川藏地区节庆旅游产业的发展必须要走国际化道路。因为节庆旅游活动是一种开放型的文化活动，它对地方文化具有超凡的表现力，天然地具有吸引外来游客流入的强大吸引力。川藏地区过去的对外开放度远不如我国东部沿海地区以及发达的大中型城市，尤其是对欧美等发达国家和地区

---

① 张涛. 节事国际化研究最新进展及启示[J]. 旅游学刊，2013（6）：3-4.

来说，川藏地区神秘的自然与人文有着非常强的吸引力。同时，在市场经济条件下，节庆旅游活动的可持续发展不仅有赖于其文化生命力，也依赖于其良好的市场运作。在节庆旅游活动运作日益专业化和市场化的今天，川藏地区节庆旅游产业的发展必须重视和借鉴国际经验，组织针对国际知名节庆旅游活动的学习、观摩和交流；邀请国际友人参与川藏地区的节庆旅游活动，选择重点节庆旅游活动进行国际性的市场营销等，以使川藏地区的节庆旅游活动走向国际舞台，并带来更为广泛的影响力。这对于扩大川藏地区节庆旅游的客源市场、提升节庆旅游活动及举办地的国际知名度、吸引更多国际化的合作机构等都有非常好的促进作用。

4.2 川藏地区节庆旅游产业发展战略

在遵循上述发展原则的前提下，川藏地区还需要具体的战略部署，才能科学合理地开发川藏地区节庆旅游资源，从而推动和促进川藏地区节庆旅游产业的发展，并在开发节庆文化资源的同时，保护当地脆弱的生态和人文环境，通过发展节庆旅游产业实现社会经济的可持续发展，因此制定川藏地区节庆旅游产业发展战略就是产业发展前必须完成的工作。简单来说，产业发展战略就是研究产业发展中带有全局性和规律性的部分。产业发展战略是从产业发展的全局出发，分析构成产业发展全局的各个局部、因素之间的关系，找出影响并决定全局发展的因素，而相应做出的筹划和决策。

川藏地区的节庆旅游产业不仅是跨区域、跨行业、跨民族、跨文化的特色产业，也是在政治和社会稳定方面有较多敏感点的一个产业，因此所选择的发展战略覆盖面较广，需要采取各种战略多管齐下的办法，才能发挥其应有的效果。

4.2.1 政府主导战略

政府主导战略，是以市场作为资源配置的基础，充分发挥政府的主导能力，通过产业政策手段积极引导、规范旅游市场主体的行为，从而使旅游业生产要素的配置达到最优或是接近最优状态，实现旅游产业的健康、快速和可持续发展。[①]川藏地区节庆旅游产业发展实施政府主导战略，是由节庆旅游业自身的特点决定的。首先，由于旅游景观、旅游线路等旅游产品具有不可移动性，尤其是具有依托性、综合性的特点，为满足旅游者在旅游过程中吃、住、行、游、购、娱"六要素"的消费需求，要求旅游相关的行业和部门必须相互配合，协调发展；其次，旅游产品具有跨地域性，客观上要求政府积极协调、开发旅游市场，构筑一个利益共享、相得益彰的区域合作的大旅游区；最后，旅游业是一个包含面广、关联度高、综合性强的经济产业，它渗透到众多行业和部门之中并与之融合。如果只由旅游部门或旅游企业抓旅游，很难在短时期内见效，因此必须调动方方面面的力量，形成发展旅游的整体合力，这些都必须依靠政府的行为才能完成。川藏地区节庆旅游目的地的开发和形象宣传更多的是依靠川藏地区的整体形象，单个地区或单个企业是难以直接完成的，同时为了避免重复建设，造成区域内相似的节庆旅游产品的恶性竞争，川藏地区节庆旅游业的发展必须得到四川省和西藏自治区政府领导下的各个方面的大力支持、配合。因此，要在以市场为基础配置资源的前提下，坚持政府主导战略发展川藏地区节庆旅游业，主要途径有如下五点。

4.2.1.1 制定川藏地区节庆旅游产业发展的整体战略，完善旅游发展体系，促进相关产业共同发展

发展川藏地区节庆旅游产业，首先就必须在构建四川、西藏两地协同创新发展的平台的基础上，共同制定整体发展战略，而不能各自为政。由于旅游产业的综合性和关联性较强，要想最大限度地促进川藏地区共同发展节庆旅游产业，最佳的选择就是由四川和西藏两地政府主导两地的节庆旅游产业协调发展。因此，需要川藏两地的政府部门打破行政区划的分割，共同研究制定川藏地区节庆旅游产业发展的整体格局与空间

---

① 安平. 试析政府主导型发展战略与西藏旅游业的发展[J]. 商场现代化，2009（3）：213.

分布、产业化开发的重点及推进、产业结构调整战略、旅游环境的保护和改善方案,并在资源配置、建设投资方面予以规划。旅游产业是一个综合性的产业,是一个大产业群的核心,涉及许多行业、部门和地区,需要政府进行宏观调控、协调关系,并给予资金支持。需要加大政府主导的力度,科学制定节庆旅游产业政策,调整优化节庆旅游产业结构,促进川藏地区节庆旅游的持续健康发展,使旅游业真正成为川藏地区的支柱产业。

4.2.1.2 加大基础设施建设,增强整体竞争力

川藏地区受经济水平落后和自然条件差的影响,旅游基础设施十分薄弱,不仅影响了其经济社会的全面快速发展,还严重制约了其节庆旅游业的发展。例如,西藏阿里地区近20年来的旅游发展基本上呈粗放式,目前是西藏全区唯一一个不通沥青路面的公路的地区,公路等级低、路况差,一些景点根本就不通公路,严重影响了旅游产品的提升和旅游资源的开发。川藏地区旅游景区基础设施建设的滞后,已对全区旅游业的发展产生了较大影响。就各种基础设施建设而言,其主要接待服务大部分集中于中小城镇和各级政府所在地,而很多重要的旅游景区却集中在边境县(市),且离县城及主要交通要道较远。加之交通条件差,很多景区无接待设施,游客的安全、卫生都无法保证,尤其是那些自然景观相对集中的边境县更是如此,其面临的突出问题都是交通成为旅游业发展的最大瓶颈。在我国,旅游基础设施的建设和投入始终需要政府的大力支持,不管是政府直接投资,还是制定相关政策以吸引民间投资进入,都离不开政府主导的发展战略。所以针对川藏地区的基本情况,两地政府应在交通、住宿、餐饮等方面给予资金上的支持和政策上的倾斜,尤其是在交通条件的改善方面,要积极加大航空和旅游景区与国道、省道之间的陆路交通的建设步伐。在基本建设投资和贴息资金中,要按照一定比例将资金用于川藏地区的重点旅游设施建设。凡以改善贫困地区经济为目的,以贫困乡、村、户为项目实施和受益对象的,开发旅游资源,修建旅游基础设施,新建旅游企业均可向政府申请支援经济不发达地区的发展资金,并新增财政扶贫资金和以工代赈资金,用于旅游基础设施的配套建设。

4.2.1.3 加大全区民族文化旅游宣传和促销力度

川藏地区的节庆旅游资源丰富多彩，但如果各个地区都各自为战，独立进行宣传，则会在市场上形成川藏地区节庆文化旅游存在多个形象而没有核心旅游形象的混乱局面，同时也会增大各个景区、旅游地的宣传成本和难度。采取政府主导战略，确定川藏地区节庆旅游鲜明的旅游形象，突出川藏地区节庆旅游资源主体的特色。统一规划和包装，灵活运用新闻媒体、互联网等多种宣传手段，通过制作民族节庆旅游宣传品、举办民族节庆旅游产品的展销及文化知识竞赛、邀请进行实地考察等方式，形成统一的市场销售网络。确定川藏地区节庆旅游产业的主题形象后，通过市场调研及市场细分，确定不同产品的目标市场。针对不同的目标市场，采取不同的促销策略。针对日本、美国及我国港澳台地区等主要境外市场，多运用现代化手段，及时掌握市场动态，适时加强联合促销，扩大市场份额。针对国内民族节庆旅游产业发展日渐成熟的趋势，采取旅游新闻发布会、旅游说明会、国内旅游交易会等多样化促销形式，吸引国内游客，努力改变"等客上门"、依靠"地接团"被动生存的局面。在政府主导下，加强与国内外新闻媒体的合作、包装、策划，打响主题创意鲜明、整体形象突出的"大川藏旅游区"概念，不断扩大市场占有份额，使"大川藏旅游区"的知名度得以全面提升。时刻关注市场变化，了解消费者最新需求，以调整川藏地区节庆旅游产品，适应市场需求，提升川藏地区节庆旅游产品的市场适应性，提高其整体经济效益。

4.2.1.4 加强川藏地区节庆旅游人才教育培训工作

节庆旅游人才的兴旺是节庆旅游产业可持续发展的基本要求。节庆旅游人才的培养单靠某个企业、某一地区很难完成，应发挥政府主导作用，加强节庆旅游人才的教育培训工作。虽然四川、西藏近几年在大力培养节庆旅游人才，但是目前两省区的节庆旅游产业仍然缺乏高素质的人才，能够从事节庆旅游产品开发的人才更是稀缺。针对这种情况，应在以下三方面加强川藏地区旅游人才教育培训工作：一是要建立川藏地区节庆旅游的人才教育平台和专家库，打造两省区人才协同培养机制，并且吸纳知名节庆旅游专家、民族文化研究者、环保学者等组成旅游顾问班子。借助他们建立旅游智囊团或专家库，开展决策可行性研究。所聘专家应既掌握国内外节庆旅游产业的发展趋势，又了解川藏地区的具体情况，将理论素养与实际经验相结合、外地专家与本地专家相结合。专家库成员既要保持相对稳定，以利于熟悉情况、跟踪研究，又要适时增补。二是要建立川藏地区节庆旅游的人才协同培养平台，加大培训力度，建设川藏地区节庆旅游行业管理队伍、旅游企业管理队伍、旅游服务人员队伍。三是要制定相应的政策和优惠措施，营造良好的节庆旅游人才成长环境。推进旅游人事、劳动制度改革，加强职业规范和道德教育，实行持证上岗和等级考试制度。

4.2.1.5 正确处理发展节庆旅游业与保护人文和生态环境的关系

川藏地区脆弱的生态环境和特殊的人文资源，决定了大规模旅游开发必将带来不可忽视的冲击，而川藏地区的人文和生态环境又是节庆旅游可持续发展的重要前提条件，需要避免川藏地区节庆旅游开发给生态环境和人文环境造成无法挽回的破坏。从经济学"公地悲剧"的理论出发，平衡川藏地区节庆旅游开发和保护关系的最佳责任人只能是政府。因此需要在政府主导的前提下，做好川藏地区节庆旅游开发与保护人文和生态环境之间的关系。在川藏地区节庆旅游开发中，要做到在保护中开发，在开发中保护，正确处理好发展节庆旅游业与保护当地环境的关系。要在保护生态环境的前提下，正确处理好居民与发展节庆旅游的关系，不要人为地搬迁与自然环境非常协调的居民住户，坚持"以人为本，为人服务"的原则，防止对人文和生态环境造成污染、破坏。除了要对人文和生态环境进行保护，川藏地区旅游市场发育程度低，市场体系的建立还不够完善，因此在节庆旅游业的发展初期，还必须通过政府主导的行政管理手段进行指导、协调和干预。

总之，实施政府主导战略，特别是在川藏地区特殊的社会经济文化背景下，能够卓有成效地凝聚各方面的力量，形成发展节庆旅游产业的合力，推动川藏地区节庆旅游业尽快走上新台阶、取得新进展。

4.2.2 市场导向战略

市场导向是一种组织文化。在该文化价值规范的引导下，组织的行为准则着重于顾客导向、竞争者导向以及跨部门间的协调，产生关于影响组织营销活动成效的客户需求力量、竞争者竞争力量以及其他市场环境变动力量等三种市场力量的信息，跨部门扩散该信息，并且对该信息做出反应，因而能够最有效地为顾客创造出优越价值，进而为企业创造出持续的优越绩效。[①]首先，目前川藏地区的节庆旅游产品大多尚处于观光产品阶段，只是在传统旅游产品的基础上加入节庆旅游活动，而不是围绕节庆相关主题展开的，没有考虑节庆旅游者的特殊需求，因此节庆旅游产品的需求量不大。但是由于与传统产品差别不大，节庆产品的供给量相对较大，因此形成了供大于求的矛盾，矛盾协调要求产品开发以市场为导向。其次，任何旅游产品都要遵循产品生命周期规律，延长节庆旅游产品生命周期的方法之一就是在了解旅游者需求变化的基础上对产品进行改进或切换。而这种改进和切换是最好也是最现实的方式，即以市场为导向进行产品开发。最后，旅游产品本身就是一种服务产品，而节庆是一种社会资源，因此节庆旅游产品中服务所占比例更大。市场导向理论认为，服务性产品的成功开发更依赖于市场的接触。

随着川藏地区节庆旅游业的发展，旅游已经从卖方市场转向买方市场，市场需求的高低成为旅游业发展与否的关键因素。因此，发展川藏地区节庆旅游业需要坚持实施市场导向战略，始终把市场放在首要位置，找准市场定位，努力开发适应市场需求的旅游产品。

4.2.2.1 适应市场需要，做好川藏地区民族节庆旅游产品开发

旅游产品开发必须以旅游的供需关系和市场导向为核心。川藏地区

---

① 张洁，黄远水. 市场导向下的节庆旅游产品开发研究[J]. 桂林旅游高等专科学校学报，2007（1）：20.

应针对不同区域、不同层次、不同消费者群体的市场需求和消费特点，定位和细分客源市场，充分利用丰富的优势旅游资源，积极开发以民族文化旅游为主的，包括商贸、会展、康体养生、奖励等专项旅游产品，综合运用产业化开发模式，丰富产品的文化内涵，提升产品的品位，并强化宣传促销工作，不断扩大消费范围、消费规模和消费品质，提高经济效益。发挥川藏地区节庆文化旅游资源的丰富优势，改变旅游产品结构单一、自身优势开发力度不够的状况。

4.2.2.2　建立适应市场经济要求的川藏地区节庆旅游管理运行机制

政府主导战略容易产生以政府部门为管理落脚点，而非以市场为主的问题，进而出现资源开发不合理、管理效率低、经济效益不高的现象。川藏地区节庆旅游产业存在着旅游资源管理分散，缺乏必要的、合理的综合开发计划，旅游企业的政府行为过多、企业行为过少等问题。要实现川藏地区民族节庆旅游的产业化开发，需要进行体制创新，建立符合市场经济要求的民族文化旅游管理运行模式，就要打破地区、行业和所有制的界限，实行政企分开，深化旅游企业改革，正确处理好政府和市场在川藏地区节庆旅游产业发展中的关系。在经济发展水平较低的时代或者地区，民族节庆旅游产业最初的发展离不开政府扶持，但是民族节庆旅游产业的发展不能始终完全依靠政府。建立适应市场经济要求的节庆旅游管理运行机制，就是要在节庆旅游产业的资金筹集、运行方式、管理体制上完全向市场看齐，以市场来指导川藏地区节庆旅游产业的发展。

4.2.3　整合发展战略

一定区域的经济发展应该建立在多种经济元素组合、整合的基础上，节庆旅游产业的发展也是如此。节庆旅游产业整合是指把构成节庆旅游产业的各个环节、各种要素、各类企业，按照效益、效率第一的原则，进行资源配置优化和利益关系调整，以达到产业生产力最大化的过程。川藏地区节庆旅游产业在发展过程中出现缺乏整体性，不同地区之间、政府和企业之间合作不够，资金运行效率不高等问题，很大一部分是由产业整合力度不够造成的。因此，实施整合发展战略，能够合理配置川藏地区节庆旅游产业的各要素，将各个地区的生产力叠加成较强的区域生产力，从而产生区域性的产业发展乘数效应，拉动节庆旅游业的发展。川藏地区节庆旅游产业的整合发展战略应从资源整合、企业整合和区域整合三个方面入手。

4.2.3.1 资源整合

川藏地区地质同构、地域相邻、文化相似、民风相近、联系密切，节庆旅游资源丰富多样又交融统一。如何进一步突破行政区划界限，推动和实现区域节庆旅游资源整合发展，已成为川藏地区节庆旅游业发展着力突破的重大命题。目前，川藏地区节庆旅游开发大部分较为零散粗浅，缺乏对深层次文化内涵的挖掘，没有形成鲜明的旅游整体形象，节庆旅游活动的主题和内容较多重复，例如几乎所有节庆旅游活动都有"赛马+锅庄"的活动内容。另外，节庆旅游资源的管理条块分割现象严重，旅游线路布局不合理。不同节庆旅游目的地之间缺乏互动性和互补性，没有形成闭环式回路。在川藏地区交通条件并不优越的情况下，游客进入川藏地区却无法更高效地进行旅游产品的消费。因此，川藏地区节庆旅游的开发应发挥"资源整合"的理念，凸显资源特色和主体形象，发挥川藏地区特色旅游资源导向的作用，构建大旅游的格局，构筑多层次的、功能互补的节庆文化旅游产品体系，实施资源与线路联动开发，形成规模优势和综合效益，以推进川藏地区社会经济的协调发展。

4.2.3.2 区域整合

按照区域经济合作理论，区域之间及区域内部不可避免地会发生经济联系，同时由于区域之间及区域内部在资源禀赋、资源配置、区位条件等影响经济发展的条件和基础方面存在差异，唯有发挥自己的优势，克服自己的劣势，才能谋求发展。因此，一个区域的经济发展不但取决于区域内部的协调程度，也取决于同相关区域间的相互交往与合作。经过多年的发展和探索，区域联合共同发展已经达成共识。近年来，全国各地建立了不同形式的跨区域旅游合作组织。诸如，京津冀三地旅游部门商定，建立健全京津冀旅游协同发展工作机制；开封市、西安市、哈尔滨市等 33 个城市建立首个"一带一路"沿线城市旅游联盟；"泛珠"11 省区政府领导共同签署《泛珠三角区域合作框架协议》，以提升区域旅游的整体竞争力，积极寻求无障碍旅游区的建设途径。这些先行先试的地区，都为我国跨区域旅游合作提供了宝贵的经验和实例，也意味着跨区域旅游合作是今后一个时期的发展主流。

随着区域整合发展旅游业的探索，不同行政区域之间的旅游业发展将打破行政区域的壁垒，通过整合各地的优势资源，形成区域发展的合力。当前，川藏地区众多的节庆旅游目的地隶属于不同行政区，造成各个旅游目的地孤立发展，甚至出现恶性竞争的现象。此外，不同地区还存在资金短缺、基础设施及相关产业欠缺、核心旅游形象模糊、带动功能不强、缺少完备的产品体系和合理的定位等问题。在这种形势下，就需要加强四川省与西藏自治区的区域旅游合作，将川藏两个行政区作为一个整体，以打造国际旅游目的地为目标，深化川藏地区与尼泊尔、印度等国以及与云南、甘肃等国内藏区的旅游合作，把川藏地区丰富多彩的民族节庆旅游产品推向国内外市场。另外，要注意区域旅游合作的基础和前提是产品的差异化这一特点，按照分类指导、分区推进、重点突破的原则，全面推进跨区域资源的要素整合，选择资源和条件比较成熟的几个地区进行重点分类打造，而不是在整个川藏地区统一推进节庆旅游的开发，从而突出川藏各重点地区节庆旅游产品的差异，避免因区域内的节庆旅游产品同质化而带来的恶性竞争。

4.2.3.3　企业整合

川藏地区节庆旅游的一线队伍是旅游企业。从旅游发达国家的经验来看，节庆旅游产业要持续健康发展，就需要具有一定规模和跨度的现代公司化运作的企业，而不是大量小、散、弱的传统企业。因而必须加快不同旅游企业之间的整合，培育川藏地区节庆旅游的大企业、大集团，规避行业恶性竞争，这是川藏地区节庆旅游产业化发展的必然趋势。川藏地区现有的节庆旅游企业资产存量普遍偏小、档次偏低且经营分散，很多企业都是靠降低价格和产品质量来扩大市场份额，价格竞争形成恶性循环，严重影响了企业的良性发展。充分发挥旅游大企业的规模带动作用，并在专业化分工基础上发展旅游中小企业是旅游市场高效率运作的基础。因此，一方面，要按照"行业管理、集团运行、属地受益"原则，鼓励川藏地区节庆旅游企业以资本为纽带，采取联合、兼并、股份合作等多种形式，强强联合，组建跨省、跨市、跨行业且由多种经济成分组成的大型节庆旅游企业集团。政府可在经营范围、税收等方面给予优惠政策，充分发挥其在规模、资金、专业人员以及原有顾客群体等方面的优势。另一方面，盘活现有旅游中小企业，支持中小企业与大企业的协调发展。对有条件的旅游中小企业，要充分发挥其在民族节庆旅游产业发展中的配合性、专业性的功能，引导其与川藏地区节庆旅游大企业进行专业化生产、分包、服务和经销等方面的协作，从而向"小而精、小而专、小而特"的方向发展，最终形成以大企业为主，以各类中小企业和直接为旅游者服务的各行各业为基础的节庆旅游企业集群。

4.2.4 品牌带动战略

全球经济已进入品牌时代。品牌不仅是企业的核心竞争力，也是一个国家和地区经济实力的象征。节庆旅游产业的发展更离不开品牌产品的影响、辐射和带动作用，依靠品牌产品带动其他地区的发展，最后实现整个区域的发展，是现代旅游发展的必由之路。

近年来，川藏地区旅游产品的知名度越来越高，以号称"中国最美公路"的 318 国道串联起来的多处景点已成为自驾游的知名品牌，包括海螺沟、新都桥、稻城亚丁、林芝、拉萨、九寨沟、黄龙等，这为川藏地区发展区域性旅游打下了良好的基础。但是在目前已有的节庆旅游产品中，除了雪顿节等个别具有悠久历史和群众基础的节庆旅游活动以外，大多数川藏地区的节庆旅游活动的知名度并不高，即使是"雪顿节"这类品牌节庆旅游活动，其旅游带动作用也尚未完全发挥出来。加上缺乏统一的规划和协调，低水平、同质性的节庆旅游活动重复开展，并且普遍存在推广不力、活动内容单一等问题，川藏地区游客针对节庆旅游这种综合性的旅游体验活动的参与度较低。所以目前川藏地区游客的旅游行为基本上以自然观光为主，这与川藏地区民族文化旅游产业快速发展的态势很不协调。

只有通过打造节庆旅游活动的品牌，树立川藏地区节庆旅游市场的形象，依托品牌活动的辐射，带动相关景区和区域旅游的整体发展，才能实现旅游经济增长方式从数量规模型向质量效益型转变，这是品牌时代对川藏地区节庆旅游产业的要求。所以前文提到目前在川藏地区上百个节庆旅游活动中，需要优先选择拥有较好开发条件的部分节庆旅游活动进行先期规划开发，而不是去追求整个地区无差别的节庆旅游开发。在品牌打造中，除了对节庆旅游活动本身进行精雕细琢，还需要营造优良的旅游服务环境，提供优质旅游服务，提升旅游者在川藏地区的旅游体验和消费质量。突出品牌建设，重点在于培育和建设经典、精品节庆旅游活动，整合旅游景区和各种相关的旅游产品，树立起区别于其他地区的节庆旅游产品形象。品牌也应有层次，根据自身资源条件、客源距离和客源文化背景，应确立不同层次的节庆旅游品牌产品。如川藏地区节庆旅游产业的世界级品牌产品、国家级品牌产品以及区域性品牌产品必定不完全相同。总之，随着市场的细化，节庆旅游产品也应逐步细化。

4.2.5　非均衡发展战略

在经济发展过程中，均衡是相对的、暂时的，非均衡是绝对的、长期的。由于区位的不同，一个国家或地区并不会所有地区同步发展，而是以不同的强度表现在一些增长点或增长极上，然后通过各自渠道向外扩散发展，所以空间的发展必然是不平衡的。这种不平衡是客观的，不可违背的，这是一种规律，被称之为非均衡理论。一个国家或地区实施平衡发展只不过是一种理想，在现实上是不可能的，经济增长通常是通过一个或数个"增长中心"逐渐向其他部门或地区传导。因此，在川藏地区节庆旅游的开发过程中，由于当地民族文化的种类集中度相对较高，都是以藏族文化为主，所以不能进行全覆盖、完全同步的旅游开发，而需要在空间布局上，选择特定的对象空间作为增长极，优先开发，以此来推动生产要素的集中和规模经济的发展。川藏地区节庆旅游产业作为区域旅游经济的组成部分，其发展也应遵循这一规律。

目前，我国旅游理论界一般将旅游区域发展分为起步、发展、发达和衰退四个阶段。在不同的阶段，其发展的特征、任务和策略等也有所不同。近年来，川藏地区加快发展民族文化旅游产业，国内外游客人数均有大幅度增长，而且形成了较为稳定的一、二、三级客源市场，资源开发的强度、广度在不断扩大，行业之间的结构也趋于平衡，出现了发展阶段的部分特征。但是仍然有很多节庆旅游资源开发程度非常低，许多节庆旅游资源还未转化为合格的旅游产品，仅仅停留在民族原生节庆的层面。因此在总体上，川藏地区节庆旅游产业仍处在发展阶段的初始状态。川藏地区各地在节庆旅游的发展基础、发展规模等方面存在不同程度的差异，这主要是由交通条件的不同造成的。当节庆旅游活动举办地位于川藏地区城市的周边、知名景区及其附近以及317、318国道沿线地区时，其旅游的开发程度和水平相对较高。而除上述地区的其他区域，节庆旅游活动基本谈不上有任何的旅游开发。这部分地区的交通欠便利，社会经济也不够发达，缺少满足旅游开发所需的基础设施。由于受到各种条件限制，包括节庆旅游在内的旅游业发展起点非常低，并且之前一直处于一个缓慢的发展状态，仍然处于旅游产业较为落后的状态，所以在各地的发展基础和发展规模存在不同程度差异的情况下，采取非均衡式发展的策略是必需的，也是必然的。但是，这种发展策略要避免出现"马太效应"，导致区域内各地之间发展差距的进一步拉大，同时对落后地区需要加大扶持力度，避免它们在得不到上一级机构支持的情形下，可能会采取盲目放宽市场准入等非常规的手段来发展本地旅游，从而破坏旅游资源和自然环境，引起旅游市场的无序竞争。因此，采取非均衡策略要加强宏观调控，引导各地节庆旅游产业有序、健康发展，通过以大带小、以强带弱，发挥各地优势，达到资源互补、优势互补，形成多层次的区域节庆旅游网络。

4.2.6 可持续发展战略

旅游与资源、环境有着密切的联系，二者有任何一方受到破坏，都会严重影响旅游产业的健康发展。节庆旅游产业发展到今天，已经基本达成了走可持续发展道路的共识。可持续发展能加强节庆旅游所必需的各类资源的保护和持续利用，只有有效保护自然生态环境，促进节庆旅游产业，转变经济增长方式，才能使节庆旅游市场变得繁荣稳定。

川藏地区节庆旅游产业发展有赖于该区域内富有特色的民族节庆文化旅游资源。而民族节庆文化旅游资源因其特殊性，在旅游开发过程中，很可能由于开发利用的技术较差、开发层次较低、保护措施不够完善，加上开发民族节庆文化旅游资源的地区经济相对落后，导致民族节庆文化旅游资源的破坏和特色的丧失。因此，川藏地区节庆旅游产业的发展不能依靠规模的扩张来支撑节庆旅游收入的增长，不能单纯追求账面上的经济收入而忽视民族节庆文化旅游资源的传承和保护以及生态环境的承受能力。民族节庆文化旅游产业的可持续发展应该以民族节庆旅游资源为基础，与生态环境承载能力相协调，通过必要的经济手段、技术手段和政府引导，努力实现民族节庆文化旅游资源的传承和保护，实现旅游与人文、自然、环境的有机融合。

4.2.6.1 注重节庆旅游规划的引导作用

科学的规划是合理开发节庆旅游资源、实现可持续发展的重要前提。近年来，川藏地区各地市发展旅游的积极性很高，做了很多的旅游规划。但在这些旅游规划中，要么没有从实际出发，没有认真研究市场和做好规划，忽视对节庆旅游资源的开发和保护；要么盲目开发节庆旅游项目，造成低水平重复建设，出现"一流资源、二流开发、三流产品"的被动局面。这种现象，既浪费资源和资金，损害旅游地形象，又影响川藏地区民族旅游的整体形象。要严格按照保护与开发相结合的原则，挖掘民族节庆旅游资源的深度与特色，借鉴国内外民族节庆旅游产业发展的实践经验，研究出川藏地区民族节庆旅游产业发展的总体规划、空间布局以及重点产品的专题规划。各地区要通过资源评价、市场分析、区域区位分析，准确把握本地的民族节庆旅游活动内涵、地方特色、历史脉络、自然环境，然后依据川藏地区旅游开发的总体规划，从产品开发、项目布局、形象设计、资源保护、市场定位、人才培养、政策制定、基础设施建设等方面，科学、合理、有效地引导当地民族节庆旅游产业发展，有计划、有重点、有步骤地开发民族节庆旅游资源。按照高起点、高水平的规划策划，建设高质量、高效益的民族节庆旅游产品，避免低层次开发和先破坏后治理的现象发生。

4.2.6.2 进一步完善监督体系

由于我国法制体系的不健全，市场经济固有的自发倾向，节庆旅游管理者、经营者的不成熟，节庆旅游企业容易受到眼前的、局部的经济利益的驱使，不可避免地会出现节庆旅游开发经营破坏资源和环境的现象，加上旅游投资多头管理、缺乏统一规划及地方保护主义等因素的影响，投资决策不科学，很多项目对市场和效益考虑较少，非经济和非产业的因素较多，不仅造成了资金的巨大浪费，也破坏了节庆旅游所在地区的自然景观和人文景观。因此，建立和完善有效的民族节庆旅游资源开发和保护的监督体系是民族节庆旅游开发的必然要求。第一，进行川藏地区民族节庆旅游开发区和节庆旅游区（点）的规划及审批制度创新，强调公众参与。将节庆旅游专家学者、民族文化研究者、环保专家学者和社区代表吸纳进节庆旅游规划和审批机构，共同把住编制、审批关。新项目必须符合川藏地区民族节庆旅游开发的总体规划，符合合理利用民族节庆旅游资源的原则，防止建设性破坏和低水平开发，以保护川藏地区民族节庆旅游资源和生态环境。第二，进一步完善市场准入制度，限制不具备条件的企业和服务者进入川藏地区民族节庆旅游市场。第三，与川藏地区民族文化研究机构及文化部门联合，创新工作考评体系以及节庆旅游企业综合效益考评体系，把民族节庆旅游资源的保护作为重要指标。第四，建立川藏地区民族节庆资源有偿使用制度，制定有偿使用标准，或设立民族节庆文化保护税。第五，完善川藏地区民族节庆旅游资源的保护制度，细化有关法律法规中关于对破坏资源和环境的惩治措施，加大对民族节庆旅游管理的执法力度。第六，强化社会公众监督。通过各种宣传渠道提高全民的资源环境保护意识，并依靠学术团体、新闻媒介和社会公众对一切破坏民族节庆资源和环境的现象进行揭露，发挥强大的舆论引导能力，营造保护环境、爱护资源的社会氛围。

5 川藏地区节庆旅游产业发展规划

一般来说，传统的节庆旅游活动都具有一定的满足某种旅游需求的特性，但是这并不意味着节庆旅游的客流就能够自发产生，所以节庆旅游产品的设计和打造并非只需要做好节庆旅游活动本身。川藏地区节庆旅游产业必须针对旅游者的需求，基于川藏地区传统的民族节庆旅游活动内涵，深刻提炼节庆旅游活动的主题和特色，并从川藏地区具体的旅游目的地的基础条件出发，做好川藏地区的节庆旅游产业发展规划。规划的内容包括：产业发展的定位、产业的空间布局、产品的体系建设、产品的营销平台打造和服务产业的人才培养机制。

5.1 川藏地区节庆旅游产业发展的定位

川藏地区节庆旅游产业发展规划中，最重要的环节就是要对产业的发展进行定位。关于川藏地区节庆旅游产业发展的定位，一是要明确产业利益相关者的定位，二是要明确产业市场的定位。

5.1.1 产业利益相关者的定位

川藏地区节庆旅游产业存在多个不同的利益相关者，在产业发展过程中，如果其中某一方或全部利益相关者的利益因产业的发展而受损，那么产业不仅无法发展，还会给当地带来更严重的后果；反之，只有全部利益相关者都能获取相应的利益，产业才会进入良性循环，实现可持续发展。因此，要对川藏地区节庆旅游产业的发展进行规划，首先就要分析利益相关者的组成以及各利益相关者的利益诉求。

通常意义上的旅游产业利益相关者，是指任何能影响旅游业目标实现或者受旅游业发展影响的群体或个人①。由于旅游产业涉及面广，包括吃住行游购娱六大门类甚至更多，所涉及的利益相关者类别纷繁复杂，主要包括旅游企业、旅游者、政府、旅游行业协会、旅游从业人员、居民/社区、教育机构、媒体等。②而相比传统的旅游产业而言，由于节庆旅游产业是"节庆旅游活动+旅游"的结合物，节庆旅游活动又包含会议、展览、文娱演出、体育赛事等多种活动类型，所以川藏地区节庆旅游产业不仅囊括了旅游业的所有利益相关者，还增加了节庆旅游活动所涉及的部分群体，包括各类节庆旅游活动主办方（政府、企业）、节庆旅游活动赞助方、节庆旅游活动参与者等。不过从广义的角度看，以企业为主的节庆旅游活动主办方和节庆旅游活动赞助方都可以归在旅游企业群体中，以政府为主的节庆旅游活动主办方可以归为政府，节庆旅游活动参与者则可视为旅游者群体。

明确了川藏地区节庆旅游产业利益相关者的组成后，就需要观察和分析川藏地区节庆旅游产业各利益群体的利益诉求情况，下面针对几个主要群体进行分析。从中可以看出，不同群体之间的利益诉求，既有共同之处，也有相互矛盾的地方。各方应秉承合作共赢的原则，达成共识，合理利用资源，优化资源配置，处理好不同利益相关者之间的利益关系，实现博弈均衡，实现川藏地区节庆旅游产业的可持续发展。

5.1.1.1 旅游企业的利益诉求

旅游企业的利益诉求首先体现在经济利益方面，这是毋庸置疑的。然而，随着旅游可持续发展理念的提出，旅游企业必须考虑生态、政策、社会等方面的利益诉求。在生态利益方面，旅游企业若片面追求经济利益最大化，无视地方文化与环境的保护，必然会对川藏地区旅游业的可持续发展造成威胁。因此，旅游企业必须重视节庆旅游开发与经营过程中产生的生态效益，承担起保护文化与环境的责任。在政策利益方面，

---

① 李正欢，郑向敏. 国外旅游研究领域利益相关者的研究综述[J]. 旅游学刊，2006（10）：85-91.

② 周玲. 旅游规划与管理中利益相关者研究综述[J]. 旅游学刊，2004（6）：53-59.

旅游企业希望政府提供良好的政策环境和资金扶持，并做好市场监管，严厉打击旅游经营过程中的违法违纪行为，确保节庆旅游产业市场的正常运转。在社会利益方面，旅游企业既希望各级各类组织能及时协调社会关系、营造和谐的环境与氛围，也希望社区居民能支持其开发经营活动，积极参与节庆旅游活动，提供充足的人力资源，并善意对待旅游者。

5.1.1.2　旅游者的利益诉求

旅游者的利益诉求表现在三个方面：首先获得旅游过程中的人身财产安全、基本生活需求等方面的保证，并尽可能享受旅游所带来的舒适与惊喜，这是影响旅游者选择节庆旅游产品或活动的首要因素；其次对节庆旅游产品价格的关注与重视，正如人们都希望购买到性价比高的产品一样，多数旅游者都希望花最少的钱购买到高品位的节庆旅游产品；最后追求一种综合性的体验，旅游者希望通过体验文化底蕴深厚、内容丰富多彩的节庆旅游产品，感受传统民族文化风俗，从而增长见识，开阔视野，丰富阅历，获得全身心的放松与享受，这是旅游者的核心利益诉求。

5.1.1.3　政府的利益诉求

政府的利益诉求主要表现在四个方面：第一，希望通过发展节庆旅游创建地方文化旅游品牌，提升地方的知名度与美誉度，并弘扬川藏地区的优秀传统文化；第二，希望通过发展节庆旅游推动地方经济发展，增加财政税收，促进社会和谐与稳定繁荣；第三，希望通过发展节庆旅游带动诸如餐饮、住宿、交通、通信等相关产业的发展，提高当地居民的收入和生活水平；第四，希望通过发展节庆旅游提高当地居民的文化素养和综合素质，传承和发扬地方民族传统文化，实现生态环境和文化传统的有效保护。因此，地方政府常常会利用其强有力的行政手段来调控和引导地方节庆旅游业的发展，以更好地促进地方经济和社会的全面发展。

5.1.1.4 居民/社区的利益诉求

目的地社区居民的利益诉求主要表现在四个方面：第一，希望能真正参与到本地节庆旅游业的利益分配中，增加家庭和个人的收入，进而提高其生活质量；第二，希望在发展节庆旅游过程中接受更专业、更系统的教育与培训，提高自身的就业技能，以获得更多的就业机会，实现自我价值；第三，希望政府能够出面保障社区居民的合法权益，当居民利益与旅游企业和旅游者的利益发生冲突时，政府能够公正合理地做出处理；第四，希望政府、旅游企业和旅游者能够重视对当地自然和人文环境的保护，在不破坏居民的生活环境，不改变其原本的社会文化风俗的前提下，对节庆文化资源进行合理的开发和利用，而不是竭泽而渔。

5.1.1.5 其他利益群体的利益诉求

除了上述的利益相关者，还有一些利益群体，如前面提到的教育科研机构、专家学者、媒体和非政府组织等，同样对川藏地区节庆旅游产业的发展存在着利益诉求。专家学者和教育科研机构希望凭借自己的智力支持为川藏地区节庆旅游产业的发展贡献力量，希望政府、旅游企业能采纳他们的谏言与规划方案等，从而实现川藏地区的节庆旅游产业健康发展。媒体在将川藏地区节庆旅游产业发展的信息对外传播的同时，希望得到政府、旅游企业、旅游者和社区居民的配合与响应，塑造和传播地方旅游形象，促进节庆旅游的可持续发展。非政府组织包括环保组织以及与川藏地区节庆旅游产业发展相关的各种组织和协会，希望在保护川藏地区的自然环境与传统节庆文化的前提下，通过发展节庆旅游为川藏地区的自然和文化遗产的保护、传承与发扬提供最大化的经济支持。

5.1.2 产业市场的定位

掌握旅游市场的未来需求是川藏地区节庆旅游产业发展科学规划的基础，只有了解川藏地区节庆旅游产业市场的需求，才能掌握先机。对旅游业而言，获知旅游市场现况和未来市场需求是非常重要的。一直以来，旅游市场需求的分析定位始终是旅游研究的热点。对川藏地区节庆旅游产业市场需求的分析定位，可以从当前的市场需求约束因素和市场结构数据两个方面入手。

首先，从市场需求的约束因素来看，川藏地区节庆旅游产业的发展存在两个较大的约束因素。

一是川藏地区的高原地形给游客身体带来的不利影响是客观存在的。由于普遍性的高原反应，国内外游客，尤其是体弱多病或老弱妇孺游客群体，对进入川藏地区从事旅游活动有着一定的顾虑。这部分游客群体的需求始终不会有较大的增长，这影响到旅游市场需求的增长。

二是川藏地区高海拔所带来的气候因素，加上节庆旅游活动项目多在户外举行，造成川藏地区节庆旅游产业市场整体上的需求旺季与淡季波动较大。如前文所述，每年 6—10 月是川藏地区传统节庆旅游活动较为集中的时间段。需求的大幅度波动，带来了旅游企业旺季接待设施紧张、淡季接待设施闲置的不利局面，从而导致设置接待能力时难度较大。这种需求的大幅度波动既有川藏地区自然气候条件的客观因素，也有长期以来外部对川藏地区差异性认识不足的原因，例如四川雅安、西藏林芝等地区的气候差异就没有其他区域剧烈，因此其旅游季节并不仅限于通常所认为的 7、8、9 月三个月。但在宣传推广效果不够的现状下，市场需求在时间上仍然会反映出强烈的淡旺季差。

其次，综合分析川藏地区多年来的旅游客源市场数据可以发现，川藏地区的境内游客占较大比例，其所占比例正在逐年递增，其境外客源市场所占比重则逐年递减，川藏地区旅游市场发展的主要贡献者一直是境内旅游者。其中，川藏地区的境内游客主要来自沿海经济发达省市，包括广东、江苏、浙江、福建、上海等，以及距离较近的中西部的大中城市，包括成都、重庆、武汉、长沙、西安、郑州等，此外，北方地区以北京、天津以及东北的沈阳、大连等大城市为主。川藏地区旅游的境外客源市场主要是美国、德国、日本、法国、英国、澳大利亚和加拿大等 7 个国家和我国港澳台地区，其中美国、德国和日本的客源市场尤为重要。

基于上述对川藏地区节庆旅游市场需求约束因素和市场结构数据两

个方面的分析结果，尽管四川和西藏都提出了要将本省区打造成为"国际旅游目的地"的目标，但境内游客仍然占川藏地区旅游市场的绝大多数。如西藏 2018 年共接待境内外游客 3 368 万人次，其中境内游客占 98.6%，境外游客仅占 1.4%。加上川藏地区对境外游客在进入政策上的限制，可以推导出川藏地区节庆旅游客源市场的区域定位，仍然应以境内客源市场为主，境外客源市场为辅。

其中，境内市场的定位为：

一级市场——四川、西藏、重庆三地，长三角、珠三角、京津冀等地区大中城市；

二级市场——西南其他地区和华中地区；

三级市场——东北、西北地区大中城市。

境外市场的定位为：

一级市场——西欧、北美市场，东亚的日本、韩国以及我国港澳台地区；

二级市场——东南亚、南亚、澳大利亚、新西兰等；

三级市场——中亚、中东、东欧等。

5.2　川藏地区节庆旅游产业的空间布局

发展节庆旅游对旅游目的地的地缘、人文、产业、市场等条件的要求十分苛刻，并非所有节庆文化和自然资源都适合发展节庆旅游，也不是所有地方都有条件发展节庆旅游。对于川藏地区来说，一些生态链极为脆弱的地方，即便拥有独特的人文自然特色，也不适合发展节庆旅游，而应考虑发展定制化高端旅游，严控游客规模。因此，对川藏地区节庆旅游产业科学合理地进行空间上的规划布局就显得格外重要。

5.2.1　影响因素

川藏地区节庆旅游产业的空间布局受到多种因素的影响，其中节庆旅游资源、节庆旅游企业区位成本、相关旅游产业布局、城镇体系建设等是影响节庆旅游产业空间布局的重要因素。在对川藏地区节庆旅游产业进行空间布局前，需要认真分析其影响因素。

5.2.1.1　节庆旅游资源

川藏地区节庆旅游资源包括核心的节庆旅游活动项目以及与之相关的自然和人文旅游资源，这是节庆旅游产业布局的重要因素，但并不是唯一条件。因为旅游资源本身是一个动态的概念，随着社会经济的发展，其内涵会不断改变，过去认为不是旅游资源的事物，随着旅游行为的扩展可能会成为现实的旅游资源，这主要缘于人们认识领域的扩大。例如，在旅游业发展初期，一般认为只有旅游景点（相对密集的旅游资源组合群）才算是旅游资源，而现在乡村的农耕文化、被淘汰的工业设施、特殊的民族风俗等都可以作为旅游资源加以利用。对于川藏地区节庆旅游而言，应打造一个集美食、娱乐、健身、宗教、观光、购物、艺术等活动内容于一体的节庆旅游项目，并将其放置在川藏地区独特的高原雪域自然风光和少数民族人文风情的背景之中，这种旅游资源与普通观光性的旅游资源相比，对游客有着非常大的吸引力。由于自然风光和人文风情在川藏地区分布甚广，大多数地区的自然风光和人文风情都与主要客源地有很大的差异，加上知名的节庆旅游活动项目与川藏地区原有的热门旅游区域，如西藏拉萨、西藏日喀则、四川阿坝松潘、四川甘孜康定等地的重合度也日渐增大，所以川藏地区节庆旅游产业会受制于川藏地区知名旅游资源，会随着节庆旅游活动项目的吸引力和游客群体对旅游资源的理解程度的降低而降低。因此，在规划川藏地区节庆旅游产业的空间布局时，考虑的节庆旅游资源因素应该以核心的川藏地区节庆旅游活动项目所在地区为主，而不是以川藏地区传统观光旅游资源所在地区为主。

5.2.1.2　节庆旅游企业的区位成本

节庆旅游企业的区位成本主要表现为节庆旅游企业的运输成本和旅游者购买消费旅游产品所花费的运输费用，前者包括节庆旅游设施材料运费、生活必需品、旅游商品、旅游垃圾处理所产生的运输费用，后者是指旅游者前往旅游目的地进行旅游消费在交通运输方面的费用，旅游者的交通费虽然不直接表现为旅游企业的成本，而是旅游者承担的费用，但这笔费用的高低制约着旅游产品是否能卖出，间接反映了旅游企业的区位成本。根据经济学中的成本—效益原则，节庆旅游企业应选择在区位成本最低的地方，如接近旅游目的地，或接近旅游中心城市。节庆旅游与其他传统旅游的一点不同，就是举办节庆旅游活动所需要的设施设备相当多，包括开闭幕式、文娱表演、体育赛事、商品展销等活动内容都需要大量相应的设施设备，而对于川藏地区还不够发达的交通条件而言，运输成本比较高，而日常使用率又比较低。因此，在规划川藏地区节庆旅游产业的空间布局时，必须优先考虑节庆旅游设施设备日常使用率较高的地区，如拉萨、日喀则、康定、马尔康等中心城市。这样可以避免举办一次节庆旅游活动就要花费大量成本来回运送设施设备，或者租购设施设备后又长时间闲置等问题，以减轻节庆旅游企业的区位成本。

5.2.1.3 相关旅游产业布局

川藏地区节庆旅游产业是一个跨地区跨行业的综合性服务业，涉及的行业面非常广。因此，川藏地区节庆旅游产业的空间布局也受相关行业的影响。与节庆旅游产业关系最为密切的行业有交通、物流、通信、食品加工、广告、零售、保险等，这是节庆旅游业得以发展的基础。交通线路的布局决定了游客的流向，交通规模对游客流量起制约作用，交通线路和交通工具的质量等级、游客对交通方式的选择影响旅游者途中花费时间的多少。物流的规模大小和效率高低决定了节庆旅游活动举办的成败。通信业是旅游者与外界联系的纽带，是旅游信息获取的重要通道，也为发展商务旅游创造了不可或缺的条件。食品加工业的发展为旅游者提供了便利。广告为活动赞助企业的推广助力不小。旅游商品的生产和销售更使旅游者成为直接的受益者。诸如此类，节庆旅游产业布局与相关产业的发展形成了唇齿相依的关系。与此同时，工业企业的分布有时也对旅游产业的发展产生负面影响，比如一些污染较重的工业企业若布局在旅游区附近或旅游线路上，会对旅游者身心产生严重的影响。这种布局不能使各产业之间相得益彰，反而会造成综合效益的抵消。综上，川藏地区节庆旅游的空间布局需要同相关产业布局较为成熟的区域有较大程度的重合，同时需要避开对环境有负面影响的工业企业布局区域。

5.2.1.4 城镇体系建设

川藏地区交通主干周边的中心城镇对其辐射区域有强大的集散功能，中心城镇不仅有聚集和疏散游客的功效，并且其旅游基础接待条件也能够满足大部分游客的需求。因此，川藏地区节庆旅游产业的空间布局与当地城镇体系建设的布局走向密切联系。鉴于很多城镇形成的历史较早，节庆旅游产业布局时要对中心城镇的功能进行重新定位，并将中心城镇作为重点地区予以规划。节庆旅游产业布局注重与城镇体系建设的协调发展有以下几方面的好处：第一，在发展中心城镇时注意充分发挥其旅游功能，使周围各旅游点将中心城镇的基础设施作为公共资源加以利用，有助于避免旅游设施的重复建设；第二，节庆旅游产业的扩张会受到节庆旅游资源辐射半径的限制，城镇的建设和发展则使产业的扩张功能得到延展，扩展其辐射半径；第三，城镇作为区域的交通枢纽，是区域人文风情的集中体现地，同时人口也相对密集，它们的建设对节庆旅游产业的发展不仅起到窗口形象作用，还能保证节庆旅游项目必需的市场规模和观众基础。因此，对川藏地区节庆旅游产业的空间上的规划布局还需要考虑与川藏地区的城镇体系建设保持大体上的同步。

5.2.2 产业空间布局规划

前面我们从地理区位、交通条件、举办时间、生态环境、基础设施、旅游景点、所在区域发展、安全状况、活动中的餐饮美食、艺术表演、体育竞技、游乐活动、特色仪式、遗产等级、开发现状和知名度等多个因素入手，针对川藏地区 118 项节庆旅游活动进行了综合评价，挑选出川藏地区应当优先发展的 11 个节庆旅游活动项目。这 11 个节庆旅游活动项目包括西藏拉萨的雪顿节、川藏全区的藏历新年、西藏林芝和普兰的工布新年、西藏日喀则的达堆节、西藏拉萨的望果节、四川阿坝的黄龙庙会、四川阿坝马尔康的观花节、四川阿坝的扎崇节、西藏日喀则的新年、四川甘孜康定的跑马山会和四川阿坝的羌年。对资源进行评价时，充分考虑了节庆旅游活动开发的基础条件、区域优势和发展潜力，因此在对川藏地区节庆旅游产业进行空间上的规划布局时，可以将这11项节庆旅游活动项目所在的区域，结合川藏地区的交通主动脉，从推动产业集聚发展的角度，综合考虑找出川藏地区节庆旅游产业的空间布局规律。

基于川藏地区优势节庆旅游活动项目的分布，以及川藏地区的交通和发展规划，川藏地区节庆旅游产业的空间布局可以归纳为"1+2+3+4"，即"1条主线+2大区域+3条分支+4个节点"。具体来说，就是：将川藏铁路目前的规划方案作为川藏地区节庆旅游产业空间布局的1条核心主线；按照康巴和卫藏2个方言区划分为2大区域；将国道318、国道317和国道213等3条公路线作为分支；围绕拉萨、日喀则、康定、马尔康等4座城市打造节庆旅游产业的关键节点。

5.2.2.1　1条主线

将预计2025年全面竣工的川藏铁路规划线路作为川藏地区节庆旅游产生空间布局的核心主线，是因为目前川藏铁路规划的成都—雅安—康定—昌都—林芝—拉萨线路，覆盖了接近一半的优势节庆旅游活动项目。更为关键的是在交通运输方面，相比公路和航空，铁路拥有非常明显的优势，包括交通输送能力强、运输成本低、较少受自然气候等条件的影响，能保证运行的经常性和持续性，计划性强，以及客货到发时间准确性比较高、运输速度比较快且安全程度高等。这些优势对于川藏地区节庆旅游产业而言，能够解决很多棘手问题，如道路交通不便、受自然气候影响大、运力不足、区域环境保护力度不够、旅游前后各环节在时间上的衔接不准确等。预计今后川藏地区节庆旅游的客运任务主要由川藏铁路承担，所以需要将川藏铁路沿线作为川藏地区节庆旅游最核心的1条主线，进行节庆旅游产业的规划布局，以充分利用川藏铁路的交通优势。

5.2.2.2　2大区域

川藏地区地域广袤，由于历史、语言等因素，被分为卫藏、康巴和安多三大藏区。卫藏地区主要位于西藏自治区，而康巴地区大都位于四川省内，不同区域的主体民族在方言、性格、装束、习俗等方面有所不同。该区域是我国极富特色的民族异域风情区，生活方式与内地差异很大，因此在川藏地区节庆旅游产业的发展中，不仅要着重体现藏区与内地的差异，还要注重体现川藏地区区域内部的差异。其原因是，特色的差异化是吸引不同文化背景游客的核心要素，区域内部的差异化发展又是整个区域产业协同发展的必要路径，加上川藏地区本身就包含四川省和西藏自治区两个行政区域，从政府的运行规律、政策的执行和资金的收支等方面考虑，在川藏地区节庆旅游的空间布局方面，最好划分为卫藏和康巴 2 大区域，在打造节庆旅游产业的特色中各自体现出西藏和四川藏区的特色，从而避免川藏地区区域内部的无序竞争和重复建设。

5.2.2.3 3 条分支

川藏地区拥有 3 条覆盖川藏地区主要旅游区的公路，分别是国道 318、国道 317 和国道 213。其中国道 318 就是知名的川藏南线，从四川成都，经雅安越过大渡河、雅砻江、金沙江、澜沧江、怒江上游，经雅江、理塘、巴塘过竹巴笼金沙江大桥入藏，再经芒康、左贡、邦达、八宿、然乌、波密、林芝、墨竹工卡、达孜、拉萨抵日喀则。国道 317 则是成都—汶川—理县—马尔康—炉霍—甘孜—德格—江达—昌都—丁青—索县—那曲—纳木错—当雄—羊八井—拉萨，又称川藏北线。国道 213 是从成都一路向北，经都江堰、汶川、茂县，到达阿坝州松潘、若尔盖后去往甘南藏族自治州。这 3 条公路多年来一直都是川藏地区公路运输的主要通道，承担了运送大量旅客的任务。公路运输最大的优点就是灵活性强，可以实现点对点的运输，像川藏地区这样地理条件恶劣的地区，主要是靠公路来完成人员和货物运输的。即使今后川藏铁路通车后，小尺度的旅游行为仍然以公路为主，例如车站与旅游景点以及酒店餐厅之间的交通运输。从川藏地区优先发展的 11 个节庆旅游项目的分布地来看，这 3 条国道实现了全覆盖，因此川藏地区节庆旅游产业应当沿着这 3 条国道的线路进行产业布局。

5.2.2.4　4个节点

从前述城镇体系建设因素的分析可知，在川藏地区这么大面积的区域内发展节庆旅游活动，必定需要若干大中城市作为关键节点，发挥聚集和疏散游客的功能，并且提供旅游基础接待服务以及节庆旅游活动所需的设施设备和人力支持。对于节点城市的选择标准，结合交通条件、旅游产业发展状况以及 11 个川藏地区优先打造的节庆旅游项目分布情况，我们分析认为，四川的康定、马尔康和西藏的拉萨、日喀则这 4 座城市应作为川藏地区节庆旅游产业的关键节点。因为它们中既有川藏铁路的规划站点，又是卫藏和康巴的区域中心城市，同时与国道 318、国道 317、国道 213 线路走向相吻合，并且各自拥有正常运行的民航机场，这 4 座城市及其周边地区还拥有川藏地区近 90%的优势节庆旅游活动项目。所以川藏地区节庆旅游产业的空间规划布局中，应当将这 4 座城市打造成为节点中心城市。

5.3　川藏地区节庆旅游产品开发

作为一种以创造、设计和传递体验为核心的服务型产品，节庆旅游既有私有物品的属性，也有公共物品的属性。因此，节庆旅游产品既可以是完全由市场提供的具有良好盈利空间的文化演出服务产品、会展服务产品，也可以是由政府提供的公共服务产品。[1]节庆旅游活动是一个复杂的综合体，包括常见的开闭幕式庆典、宗教仪式、文化演出、晚会、文体赛事、文化推广活动、商品销售展、会议论坛、观光旅游项目、美食鉴赏、游乐项目体验，等等。一般而言，单项的节庆旅游活动很难构成完整意义上的节庆旅游产品。要规划川藏地区的节庆旅游产品体系，需要从川藏地区的社会经济发展状况、节庆资源和旅游业发展实力，以及当地旅游业和相关产业的发展规划等方面入手，吸收发达国家和地区的民族节庆旅游的先进经验，将目前川藏地区优势的节庆旅游活动与旅

---

[1] 马聪玲. 中国节事旅游研究：理论分析与案例解读[M]. 北京：中国旅游出版社，2009：83-87.

游产品要素相融合，打造出多个综合性的节庆旅游产品，辅之富有特色的宣传推广，激发潜在客源的出游动机，从而将节庆与旅游进行充分的融合创新，实现节庆文化和旅游业的双赢，推动川藏地区社会经济的发展。

5.3.1 产品构成要素

如前所述，节庆旅游是由各种节日庆典和特殊事件引发的一种旅游形式，包括传统和人为策划的节日庆典、特殊事件，但不包括个人婚礼、毕业典礼、同学聚会等私人性事件，即那些不能直接产生旅游行为、不具备旅游价值的节庆旅游活动类型。因此，节庆旅游产品专指以节庆旅游活动为主题，为满足游客的旅游需求，能够体现节庆旅游活动内涵的、具有文化性和娱乐性的综合性旅游产品。作为旅游产品，节庆旅游产品的构成要素与普通旅游产品类似，主要由三类要素构成。第一类要素是节庆旅游的吸引物，包括以各种节庆旅游活动主题为核心内涵的文化、体育、娱乐活动项目内容以及节庆旅游活动举办地的自然和社会文化风貌所营造的背景环境。这类要素是节庆旅游者购买节庆旅游产品的最主要因素。第二类要素是节庆旅游服务体系，即传统的旅游六要素"吃住行游购娱"，包括餐饮、酒店、旅游交通、景区景点、商场、娱乐活动场所等。此类要素是构成整个旅游者体验不可缺少的部分，也是旅游者实现旅游行为、获得旅游体验的主要平台。第三类要素是指为旅游服务的各种公共基础设施，如公共交通、旅游信息服务平台、金融、通信、邮政、保险等。这类要素是节庆旅游产品的辅助部分。

节庆旅游产品类似于大众传媒的"软媒体"。它构建了一个信息平台，可以集中地、综合地传递举办地的多方面信息，而且这种产品中参加者对举办地的感知是通过一系列亲身经历的活动完成的，因此具有体验性。节庆旅游产品一般立足于举办地的传统和习俗，即便是新设立、新创造的节庆旅游活动，也在努力寻求与当地习俗的结合点。这些传统和习俗是举办地在长期发展中形成的，从产权上而言应属于公共资源，从主题上而言应属于文化资源，从形态上而言应属于无形资源，所以节庆旅游产品是对无形的文化公共资源进行综合旅游开发而获得的旅游产品。因此，常规的川藏地区节庆旅游产品应该是由一个或几个民俗节庆旅游活动作为核心吸引物，以节庆旅游活动举办地的旅游基础设施和公共基础设施作为支撑的综合性旅游产品。

5.3.2 产品开发体系

研究川藏地区节庆旅游产品的开发主要涉及三个方面：首先是确定产品开发的主体，其次是选择产品开发的路径，最后是确定产品开发的模式。

5.3.2.1 产品开发主体

政府主导发展模式是我国旅游业发展的一条重要经验，对我国旅游业产生了深刻的影响。从内涵上来看，政府主导模式就是按照旅游业自身的特点，在以市场为主配置资源的基础上，充分发挥政府的行政主导作用和资源调配能力，为旅游业快速发展创造以扶持政策为核心的良好发展环境。虽然政府主导模式对我国旅游业迅速发展，特别是少数民族地区旅游业发展起到了巨大作用，但政府主导模式也对旅游业发展产生了一些消极影响，如各地普遍出现的硬件投资过热、软件投资过冷、粗放型发展、重复建设和资源破坏等现象。党的十八届三中全会强调"使市场在资源配置中起决定性作用和更好地发挥政府作用"，这对政府主导模式发展旅游业提出了新挑战。这就需要从旅游业自身的特性出发，进一步明晰政府与市场的定位和分工，明确市场配置资源是政府主导模式的前提和基础，并划分出政府主导模式在旅游业不同发展阶段的不同形式。

根据旅游业发展阶段的不同，应采取不同的发展模式，包括政府主导模式（初期阶段）、政府干预模式（中期阶段）、市场主导模式（成熟阶段）等不同的发展模式。[①]从新一轮川藏地区旅游开发的建设目标来看，四川和西藏都提出了打造"世界旅游目的地"的建设目标。但川藏地区作为发展相对落后的区域，单纯依靠自身力量是难以实现的；同时，由

---

① 张建梅. 论我国旅游业由政府主导向市场主导模式的转换[J]. 现代财经，2003（11）：58-61.

于川藏地区长期存在的经济薄弱性、生态脆弱性和社会敏感性等突出问题，将旅游开发完全交由市场主导也是不现实的。另外，川藏地区的旅游管理体制不健全，尚未形成"政府主导、企业主体、社会参与、市场运作"的多元旅游开发格局；省级层面跨区域的统一协调机制不健全，尚未形成川藏地区节庆旅游整体开发的合力；没有完全建立当地民众持续参与旅游开发、共享旅游发展成果的长效机制，所以从现阶段来看，为培育规范有序的节庆旅游市场夯实基础，引领川藏地区节庆旅游产业转型升级，川藏地区节庆旅游产品的开发仍需继续坚持政府主导旅游开发模式。

因此，川藏地区节庆旅游产品的开发主体应由"政府主导+企业执行"组成。在川藏地区节庆旅游业发展的初期阶段，四川和西藏政府机构在协同创新的前提下，通过制度设计和政策创新等行政手段，强化资源调配，调动川藏地区节庆旅游业发展涉及的各方的积极性，建立健全川藏地区节庆旅游产业"政府主导、企业主体、市场运作、社会参与"的工作机制和格局，使政府在节庆旅游规划、节庆旅游活动项目建设、宣传营销、人员培训、市场秩序维护、旅游者权益保护等方面承担起组织、协调等职能，具体的节庆旅游产品开发工作则交由节庆旅游活动开发企业和传统旅游服务企业共同完成。常见的节庆旅游活动开发企业包括旅行社、酒店、景区旅游管理公司、会议与奖励旅游公司、公关传媒公司、目的地管理公司（DMC）等一系列活动类企业。这对川藏地区克服节庆旅游业发展面临的诸多困难具有重要的现实意义，有利于川藏地区节庆旅游业在短时间内迅速提高旅游产品的数量和质量，树立良好的旅游形象和增强市场竞争力。

5.3.2.2　产品开发路径

传统的节庆旅游产品的开发路径一般有两个选择：一种是围绕原有的节庆旅游活动进行旅游开发；另一种是创建新的节庆旅游活动，然后再围绕新的节庆旅游活动进行旅游开发。这两个选择各有利弊。

围绕原有的节庆旅游活动进行旅游开发的有利之处在于：这一类节

庆旅游活动拥有悠久的历史，知名度较高，文化积淀深厚，川藏地区的民众参与性比较强，节庆旅游活动的策划和推广成本较低。其不利之处在于：这一类节庆旅游活动的文化内涵的部分元素不适合进行旅游开发；对游客吸引力较强的很多新兴活动内容与传统节庆的内涵存在一定的冲突，对其进行旅游开发容易导致当地民众与游客产生矛盾，不利于产业的发展。

创建新的节庆旅游活动，然后再围绕其进行旅游开发的有利之处在于：节庆旅游活动没有历史内涵的约束，可以根据市场需要和现实条件，对节庆旅游活动的主题和内容进行全新的策划打造，而不用担心破坏节庆的传统文化内涵和当地民众的感情。其不利之处在于：策划和宣传推广一个知名度较低的全新节庆旅游活动需要投入大量的成本，资金压力较大，也会有一定的投资风险；当地民众对于新的节庆旅游活动有一个较长的接受过程，前期的参与度比较低，会影响外来游客的旅游体验。

可见，传统的节庆旅游产品开发的两条路径各有利弊，如何扬长避短，选择最适合的路径进行节庆旅游产品的开发打造呢？立足于川藏地区跨区域的节庆旅游产业基础条件和对应的客源市场需求，我们认为应当将上述两条路径合二为一，走节庆旅游产品整合开发这样一条创新的路径。

节庆旅游产品整合开发路径，是指在节庆旅游产品开发时，尽可能地整合整个区域内的全资源要素，根据节庆旅游产业的特点，既完善原有的节庆旅游活动，注入新的元素，同时又创建新的节庆旅游活动，从而对节庆旅游活动举办地的文化价值给予不同的定位，优势互补，互为依托，使产品能够满足旅游者不同角度、不同层面的需求，彻底减少新、旧两类节庆旅游活动之间的替代和冲突。节庆旅游产品整合开发路径主要包括体系的主题化、时间的序列化、空间的协同化等三个要点。

1）体系的主题化

川藏地区节庆旅游产品体系的主题化是指以川藏地区节庆旅游的鲜明主题为主线，整合区域范围内的相关特性的旅游产品形成产品线。按照"主题"整合一系列协调性良好、内容相互衔接、共同体现川藏地区节庆旅游产品的特色，这有助于丰富产品的内涵，塑造川藏地区节庆旅游活动在旅游者心中的鲜明的差异化形象，推动旅游目的地的整体形象的发展，扩大节庆旅游活动的影响半径。节庆旅游产品体系的主题化主要体现在节庆旅游项目的主题系列化和节庆旅游项目活动内容的系列化两方面。

第一，围绕主题的项目系列化。例如，以农事主题为系列，可以按照川藏地区农业耕作的基本流程，根据时间先后和区域的分布，接力开发多项属于同一主题内涵的节庆旅游活动，从一月西藏全区开始的春播节，到二月拉萨的春耕节，再到三月四川冕宁求雨的谢水节，然后是四月日喀则转田祈福的达堆节，接着是五月西藏贡嘎祈祷丰收的曲果节，最后是遍布川藏地区的藏历六七月庆祝丰收的望果节。在每一个农业耕作的环节流程，都有相应的节庆旅游活动。

第二，节庆旅游项目活动内容的系列化。例如，以游客喜爱度最高的美食为活动内容，根据川藏各地不同的传统美食，选择多个有代表性的地区，推出诸如"雪域高原特色美食鉴赏"线路的节庆旅游产品，吸引游客奔赴各地去品尝当地的特色美食。例如以阿里、那曲为代表的羌菜；以拉萨、日喀则为代表的卫藏菜或拉萨菜；以林芝、墨脱、樟木为代表的荣菜；以官府及贵族菜肴为代表的宫廷菜等。

2）时间的序列化

大多数节庆旅游资源本身存在季节性，并且节庆持续的时间是有限的，最长的节庆旅游活动大概持续一周时间，短的节庆旅游活动只有一天。如何持续性地发展旅游业，就需要克服节庆旅游活动时间有限这样一个弱点。因此在策划节庆旅游活动时，应注意节庆旅游活动在时间上的有效协调，保证整个川藏地区的节庆旅游活动在时间上保持序列化，让每一位游客在任意时间来到川藏地区都有可选择的节庆旅游活动，而不会出现某个时间段是节庆旅游活动空白期的情况。时间的序列化应从三个方面考虑：一是要注意节庆旅游活动举办时间上的连贯性，将节庆旅游活动均匀分布在一年四季的各个时段之中，不留空当，营造持续的节庆旅游气氛。二是要注意某些节庆旅游活动本身有较强的时段性，例如"藏历新年""羌年""梨花节"等，由于本身所依托资源的时段性和动植物最佳观赏期的特定性，决定了活动举办时间的限制性，不能随意调整时间。三是要注意每次节庆旅游活动过程中，活动项目时段安排的合理性和时间上的衔接性、均衡性。根据每次节庆举办的侧重点，按照"扣人心弦的开幕—保持气氛—再起高潮—平缓进行—余味尚存的收尾"的气势起伏安排活动项目的内容。

3）空间的协同化

节庆旅游活动的举办地不是单独存在的个体，在川藏地区节庆旅游产品开发时，具有相关文化的节庆举办地可以整合资源，通过旅游线路的设计，构造一个统一的"节庆旅游活动大餐"。比如，格萨尔王诞辰日时，作为格萨尔王出生地的四川甘孜州阿须草原、格萨尔王狮龙宫殿所在的四川甘孜德格县和拥有格萨尔王古堡的西藏工布江达县就可以合作，共同设计开发一个以格萨尔王之旅为主题的节庆旅游产品。在对跨区域的节庆旅游资源进行整合时需要注意两点：一是要寻找区域内各节庆举办地的共同文化，依托共同的文化资源整合游离的节庆旅游活动；二是要厘清资源整合后节庆产品的主次，优选出"大餐"的主菜与配菜。在对区域内的节庆旅游资源进行整合时，可以借用"点-轴"开发模式来形成相对集中的节庆旅游活动集群地。这里可以将"点"理解为包括几个节庆旅游活动的举办地，将"轴"理解为联结各举办地的交通路线。

5.3.2.3 产品开发模式

针对节庆旅游产品整合开发的路径，川藏地区节庆旅游产品的开发模式也必然需要整合。在一个综合性的节庆旅游产品下，可能会存在以原有节庆旅游活动为主的子产品，同时也存在以新创建的节庆旅游活动为主的子产品。相比前者，后者可以在时间和活动内容上进行更好的完善，例如前面提到的时间序列化，部分传统节庆的时间是不可以轻易更改的，就需要新创建节庆旅游活动去填补其空档期。在产品的开发过程中，对这两类节庆旅游活动项目要区别对待。具体来讲，对于以原有节庆旅游活动为主的子产品，其中多项节庆旅游活动都被列为非物质文化遗产，因此，应该以节庆旅游产品与非物质文化遗产保护的互动开发模式为主；而对于以新创建的节庆旅游活动为主的子产品，由于没有遗产保护的压力，传统历史的束缚也较小，所以应该以创意性开发模式为主。

1）与"非遗"互动的产品开发模式

目前对非物质文化遗产的常规保护程序已面临困境，而科学合理的民族节庆旅游开发是民族政治、经济、文化艺术、生产生活、宗教信仰、社会交往、民族心理等各方面的综合反映，是一种传承与创新的结合。它丰富了产品内涵，为"非遗"寻求到新的生存空间和土壤，充分发挥了旅游业和文化产业的双重拉动作用，在开发和保护之间形成了良性的互动循环。[①]

由于非物质文化遗产的无形性，非物质文化遗产要得到有效的保护必须借助有形的载体。实践证明，这种将非物质文化遗产从"非物质"到"外化物质再现"非但可能而且必要。对非物质文化遗产的保护主要从三方面进行：一是对传承人的保护，二是对物化载体的保护，三是对文化场所的保护。而川藏地区节庆旅游产品的开发，就是依托旅游目的地社区的经济、历史文化、民族风情等方面的独特资源，加以整合包装，能够产生具有目的地标志性的独特形象和吸引力，在相对固定的时间地点重复举办的事件旅游活动。在川藏地区节庆旅游活动中，通过当地著名艺人对代表性民俗的表演、展示，实现了对传承人的保护；通过游客观看、参与、体验民俗活动，达到了民俗文化传播的目的，实现了对民俗物化载体的保护；通过游客与当地社区的交流和互动，达到了民族文化认同的目的，实现了文化场所的保护，进而实现了非物质文化遗产的保护。例如川藏地区的非物质文化遗产项目中，入选联合国教科文组织非物质文化遗产名录的 5 个项目如表 5-1 所示，从产品的策划角度来看，这 5 个项目能够较好地与节庆旅游活动结合，丰富节庆旅游活动内容，提升游客的体验。

---

① 余丹. 民族节庆旅游开发与非物质文化遗产保护互动模式研究[J]. 西南民族大学学报（人文社会科学版），2009（9）：6.

表 5-1　川藏地区入选联合国教科文组织名录的非物质文化遗产项目

序号	项目名称	所属类别	简介
1	热贡艺术	传统手工艺	主要指唐卡、壁画、堆绣、雕塑等佛教造型艺术，是藏传佛教的重要艺术流派
2	格萨（斯）尔	口头传统和表演形式	关于藏族古代英雄格萨尔神圣业绩的宏大叙事，凭借杰出艺人的说唱，史诗流传千年
3	藏戏	表演艺术；口头传统和表现形式	戴着面具、以歌舞演故事的藏族戏剧，形成于14世纪，流传于青藏高原
4	藏医药浴法	有关自然界、宇宙的知识和实践	是藏族人民以生命观、健康观及疾病观为指导，通过沐浴天然温泉或药物煮熬的水汁或蒸汽，调节身心平衡，实现生命健康、疾病防治的传统知识和实践
5	羌年	社会实践、仪式、节庆旅游活动	羌年是羌族的传统节日，于每年农历十月初一举行庆祝活动

资料来源：中国非物质文化遗产网.中国入选联合国教科文组织非物质文化遗产名录（名册）项目[EB/OL]. [2019-03-20]. http://www.ihchina.cn/chinadirectory.html#target1.

具体来说，川藏地区节庆旅游与"非遗"互动的产品开发模式应以三个方面为切入点：

（1）传统音乐、舞蹈、戏剧、曲艺、杂技类非物质文化遗产在节庆旅游活动中的常态化舞台演绎。

川藏地区的传统音乐、舞蹈、戏剧、曲艺、杂技类非物质文化遗产的常态化舞台演绎，不仅使此类非物质文化遗产的艺术可行性在节庆旅游活动中得以展现，而且使其文化的社会意义得到普遍的认可。节庆旅游活动中的舞台演绎环节依据声、光、色、形等多维因素的视觉和听觉创意空间，通过形象塑造、色彩渲染、节奏变化等方式，可以对此类非物质文化遗产进行传承、传播和开发利用。与此同时，随着节庆旅游活动的媒体报道，此类非物质文化遗产也逐渐为大众认知和重视，这种认知和重视无疑激发了非物质文化遗产传承人的传承信心、热情和继续传承的责任感，对此类非物质文化遗产的保护具有重要意义。如前面提到的格萨（斯）尔、藏戏，以及堆谐、热巴、囊玛等藏族歌舞，萨朗、哟初步、皮鼓舞、铠甲舞和哈日等羌族传统歌舞项目，这些川藏地区的传统音乐、杂技和舞蹈都已被各级专业文艺演出团体搬上了节庆旅游活动的表演舞台，在实施"专业化传承"的同时向大众传播。

（2）传统手工技艺、美术类非物质文化遗产的节庆旅游纪念品嵌入式开发。

将传统手工技艺、美术类非物质文化遗产中包含的艺术元素、蕴藏的民族文化内涵以及实用功能在节庆纪念品开发制作过程中创新式嵌入，充分利用此类非物质文化遗产的外在表现形态、内在文化内涵和不同的功能价值，通过节庆纪念品的形式，增加游客对节庆举办地非物质文化遗产的认识和了解。如在举办各类节庆旅游活动期间可以将各种木雕工艺品、藏族唐卡、藏戏面具、跳神面具、金属佛雕像、竹编工艺品、羌族剪纸、羌族刺绣、千年木锁等作为节庆纪念品发放给贵宾，或是作为旅游商品供游客购买，让游客在享受传统音乐、舞蹈、戏剧、曲艺、杂技类非物质文化遗产带来的视觉体验、听觉体验的同时，感受到传统手工技艺、美术类非物质文化遗产带来的触觉体验，在增加游客购物体验的同时，开拓节庆旅游活动的收入渠道，当地民众获益后又会对节庆旅游活动给予更多的支持。

（3）民俗类非物质文化遗产在节庆旅游活动中的全域体验式开发。

全域体验式开发是指充分整合利用社会各种资源，策划设计出满足游客的个性化体验需求的旅游产品。这种开发模式主要以角色旅游为主题，通过暂时改变游客的身份、生活环境、生活方式等，给游客提供一种全新的生活体验。川藏地区民俗类非物质文化遗产包含藏羌民族的婚俗、服饰、传统节日等，在保持其原生态的同时，提升游客的参与度和体验感。如典型的藏族婚俗除动态的场景展示外，可让游客变换角色参与其中互动体验；藏羌民族服饰具有很好的审美和装饰功能，除静态展示给游客外，可以让游客与服饰制作人互动体验，也可以让游客身着民族服饰参与节庆旅游活动。传统节日具有特定民族、特定时间、难以复制和移动的特点，可作为特定的民俗节庆旅游来进行体验式开发，其节庆内容增设游客体验环节，重点开发角色体验旅游产品，让游客以"当地人"的身份参与活动，带给游客一次充满活力、文化氛围浓厚、情感体验深刻的旅游过程，如前述知名的羌年、藏医药浴法、藏餐等传统民俗节庆旅游活动。

2）创意性开发模式

根据节庆旅游活动资源集聚所依附空间的不同属性，空间可分为属地空间和飞地空间。基于此，对川藏地区节庆旅游产品的创意性开发也有两种基本模式——属地化模式与飞地化模式。

（1）属地化开发模式。

属地空间是指节庆旅游活动资源直接赖以生存的原生态空间，一般在原生地空间范围内直接、完整地保留节庆旅游活动的文化生态。作为节庆文化的直接体验场，该空间并非越多越好，关键是要选取具有代表性的空间进行节庆旅游活动的产品开发。因此，原生地对当地（即属地）节庆文化资源的产品开发，就是节庆旅游活动资源开发的"属地化模式"，具体而言指在尽量维持节庆旅游活动资源原生地的文化生态环境的基础上，对节庆旅游活动资源的原生属地进行就地式开发的模式。如遍布川藏全区的米拉日巴劝法会、西藏江孜的达玛节、四川阿坝州的瓦尔俄足节等都是属地化开发模式的代表。川藏地区各旅游目的地可以利用当地的自然及文化资源优势，在当地策划特色的节庆旅游活动，展现当地丰富多彩的文化内容，以吸引各种节庆旅游产业资源的进一步集聚，为当地节庆旅游及相关产业经济的发展奠定基础。例如，以西藏当雄和阿里、四川红原和理塘等地为代表的赛马节，荟萃了藏族的衣食住行习俗、礼俗、传统游艺活动，以此为依托进行节庆旅游的创意开发，既可向旅游者综合展示旅游（目的）地的原生地的各种文化资源，扩大其知名度和影响力，又可推动藏族赛马节庆旅游活动资源的旅游产业化发展。该模式适合原生地对当地节庆文化资源的保护性开发，其特点就是不脱离节庆旅游活动资源的原生属地、文化内涵和传统活动内容，并常常通过结合示范景区、重点村落、民俗文化博物馆等方式,将具有代表性的空间区域就地建成节庆旅游文化的原生态体验地。

(2)飞地化开发模式。

飞地空间是指节庆旅游活动资源的间接再现与展演空间,一般会脱离节庆旅游活动资源的原生空间,在其他空间范围间接表现节庆文化的内涵,也就是所谓"文化走出去"的发展模式。作为节庆文化的间接展演现场,该空间越多越好,但要注重选取有代表性的空间进行节庆旅游活动的产品开发。因此,一地对异地(即飞地)节庆文化资源的产品开发,就是节庆旅游活动资源开发的"飞地化模式",具体而言指在脱离节庆旅游活动资源的原生属地的文化生态环境的基础上,对节庆旅游活动资源(包括节庆旅游活动本身及其相关事项的资源)在异地进行节庆旅游产品飞地式开发的模式。这些节庆旅游活动的发展并不能完全照搬国外原有的模式,受文化、偏好等方面的影响,可以根据本民族的价值观,对外来文化进行一系列的改良,赋予这些节庆旅游活动新的内涵和生命。

川藏地区各旅游目的地可以合理利用其他地方的文化资源,开发出易于推广且与本地条件相匹配的节庆旅游相关产品。根据时间的长短,该模式又可分为两种类型:一种是长期固定的引入式开发模式。如深圳的民俗文化园和世界之窗,以旅游演艺的方式组织和展示各地的民俗文化节庆旅游活动,促进旅游与文化的融合,吸引游客的同时带动了华侨城及深圳的旅游与文化产业的融合发展。另一种是临时流动的引入式开发模式。如2008年北京奥运会、2010年上海世博会等。不管是长期固定还是临时流动的展演,这两种方式都是在本地引进国际节庆旅游活动,将节庆吸引物、传播媒介等资源集聚在一起,以提升当地的旅游吸引力,促进当地经济社会发展。该模式适合于那些节庆旅游活动缺乏当地特色、节庆旅游活动等级低于其他地区的地方,所选取的节庆旅游活动也多是对举办地人文自然背景要求不高的节庆资源。其特点是脱离节庆旅游活动资源的原生属地,并常常通过嵌入舞台场景、主题园(街)区、会展场馆、传统博物馆教育学习场地等空间形式,在异地进行再现与表达;同时,异质文化的交流与融合还会给文化发展带来更多的空间,与其他文化持续性的交流与融合才是本土文化保持生命力的源泉。以川藏地区独特的风土人情，尤其是以雪域高原的自然风光作为活动背景，举办类似西方摇滚音乐节等文化内涵与当地传统有较大差异的节庆旅游活动，往往会带给观众一种"文化混搭"的全新体验。目前四川甘孜康定的情歌国际音乐节就已经开始了这样的尝试；西藏拉萨的雪顿节近年来也多次在节庆项目中引入异地的文化活动，如2017年雪顿节上的台湾民俗文化美食展等。事实表明，在川藏地区节庆旅游活动平台上进行异地文化的展示和开发，能够同步提升川藏地区节庆旅游产品和异地文化的内涵及知名度。

5.4　川藏地区节庆旅游产业营销

节庆旅游活动产品的营销，是节庆旅游活动主办方和承办方将有关产品的信息，通过宣传、吸引和说服的各种方式，传递给节庆旅游产品的潜在消费者，促使其了解、信赖并购买节庆旅游产品，以达到扩大销售的目的，其实质就是实现节庆旅游产品营销者和潜在购买者之间的信息沟通。节庆旅游活动十分独特，其特点体现在诸多方面，因此将节庆旅游活动营销和事件的使用作为传播的工具既富有挑战性又充满机遇。普遍的营销传播实践和理论都能应用在这个产业，同时这个产业的部分要素需要特定的理论和实践。例如，活动从特征上讲是转瞬即逝的，出席活动的人也同样是活动的一部分，活动在被生产的同时也被消费和体验。节庆旅游活动参与者为节庆旅游产品做出了贡献，而作为旁观者的游客同样也会影响到节庆旅游产品。节庆旅游活动作为一种娱乐性产品在主观上属于独立个体，成千上万的活动参与者和游客的需求是不同的，其体验的感受也是不同的。"酒好不怕巷子深"和"一招鲜，吃遍天"的时代早已过去，向各种类型的目标市场的营销传播是必需的，也是复杂的和独特的。在川藏地区节庆旅游产业的发展体系中，研究如何建设营销平台显得尤其重要，建设营销平台中最关键的，就是要确定营销的对象和营销的渠道。从营销传播的理论和实践来看，营销渠道主要包括广告营销和公关营销两个方面。

5.4.1 营销对象

川藏地区节庆旅游的营销对象并不仅限于潜在的节庆旅游者，而是与节庆旅游活动有着利益关联的所有对应者，主要由节庆旅游活动的内部关系对象与外部关系对象构成，它具有广泛性和独立性的特点。因为节庆旅游活动有限的营销费用决定了不能不加区分地对营销对象进行全方位营销，所以需要首先精准定位营销活动的对象群体。川藏地区节庆旅游活动的营销对象主要包括以下几个方面。

5.4.1.1 政府机关和市政单位

在川藏地区节庆旅游举办地的政府机关中，与节庆旅游活动有交集的主要是管理社会公共事务的政府部门，包括工商、税务、交通、治安、环保、民族、旅游、会展等行政机构。市政单位主要指节庆旅游活动举办地的能源供应和市政设施管理单位，包括电力公司、自来水公司、煤气公司、公交公司、污水处理厂等。由于社会资源主要集中在政府机关和市政单位手中，所以无论主办方是政府还是企业，节庆旅游活动的顺利举办都离不开他们的支持，甚至许多节庆旅游活动的营销需要借助政府的官方平台以增强公信力。因此节庆旅游活动的营销对象首先就是政府机关和市政单位，要让相关的政府机构和市政单位对节庆旅游活动的信息有充分的了解。

5.4.1.2 各界名流人士

各界名流人士是指在社会公众舆论中具有显著影响力和号召力的人物，包括政界、商界、学术界、演艺界、体育界等领域的权威和知名人士，例如微博的"大V"、微信的头部公众号等拥有大量粉丝的"意见领袖"或"网红人士"。节庆旅游可通过营销活动，与社会名流建立良好关系，还可以向权威专家请教，提高决策能力。借助社会名流的地位、身份和声誉，可以提升节庆旅游活动的知名度。利用名流的关系网络，可以扩大节庆旅游活动的营销范围，搭建吸纳社会资源的通道，创造更多利于节庆旅游活动发展的机会。一般情况下，娱乐界和文化界的知名人士最适合作为节庆旅游活动的营销对象,因为当前很多节庆旅游活动的开闭幕式都有配套的大型演出活动,国内外艺人能为节庆旅游活动带来无形的效益。此外,他们通过个人社交媒体发布节庆旅游活动信息,能够广泛且迅速地向年轻的受众群体传播。而文化界的知名人士不仅能够提升节庆旅游活动的知名度,而且能够使节庆旅游活动的文化意味更加浓厚。所以节庆旅游通过营销获得各界名流人士的支持,是性价比非常高的营销策略之一。

5.4.1.3 节庆工作人员

节庆旅游活动主办方、承办方的各个部门的工作人员是很容易被忽视的营销对象。实际上,节庆旅游产品要想获得成功,首先要得到内部工作人员的认可,这样他们才会充分地投入工作,竭尽全力去为旅游者服务。同时,员工相对于外部参与者又属于节庆旅游活动的主体,在信息来源鱼龙混杂的今天,消费者对节庆工作人员较为信任。所以节庆旅游活动本身应当通过营销,让身处不同工作岗位的节庆工作人员全面掌握节庆旅游活动的情况,激发员工的工作积极性,培养员工的认同感、归属感,增强员工的凝聚力和创造力,从而促进节庆旅游活动的可持续发展。

5.4.1.4 旅游中间商

节庆旅游活动通常会利用各类旅游代理商、分销商进行产品的销售和品牌的打造,例如国旅、中旅、青旅、康辉等传统旅行社,以及携程、同程、驴妈妈、马蜂窝、穷游网等在线旅游服务商。它们直接面向终端消费者,是节庆旅游产品销售的重要合作伙伴,也是非常重要的营销推广对象。需要注重营销过程中的品牌培育,将节庆旅游项目本身同旅游中间商进行利益捆绑。除了日常的信息交流,还可以在节庆旅游活动前后举办中间商的会议,加强信息沟通,增强中间商的信心,推动中间商主动增加对节庆旅游活动的销售资源分配,围绕共同目标使双方获利。

5.4.1.5 当地民众

川藏地区的当地民众是节庆旅游活动非常重要的利益相关者,也是节庆旅游活动举办者的主要营销对象。首先，节庆旅游活动要求举办者在策划活动之初，就要针对当地民众进行营销推广，介绍节庆活动的具体情况，分析阐述其未来获得的利益以及可能会受到的一些影响，包括对其文化、环境等方面带来的冲击；其次，在节庆旅游活动举办过程中，也要随时对当地民众进行营销，尤其是节庆旅游活动期间发生侵犯当地民众利益事件时；最后，通过营销把当地民众转变为节庆旅游活动的有益促进要素，让他们主动参与、宣传节庆旅游活动，以主人翁的良好形象面对外来旅游者，积极展示川藏地区旅游目的地富有特色的民风民俗等。

5.4.1.6 节庆旅游活动赞助商

节庆旅游活动赞助商是为了实现自己的目标向节庆旅游活动项目提供资金、实物、服务等资源支持的各种机构。当前市场化的节庆旅游活动很大程度上需要依靠赞助商才能实现盈利。赞助商在节庆旅游活动举办过程中获取广告、商品销售、冠名等特权，通过节庆旅游活动的集聚效应达到宣传的效果。节庆旅游活动不仅要在活动举办前获得大量的赞助，还要在节庆旅游活动举办过程中、活动结束后与赞助商保持密切联系，维护好赞助商的利益，因为今后还会继续合作。所以，节庆旅游活动举办是否成功，严重影响着活动赞助商的利益，双方构成了关系紧密的利益共同体。毫无疑问，节庆旅游活动的营销推广对象也包括节庆旅游活动赞助商。在大多数情况下，节庆旅游的营销活动往往都是双方共同操作的，节庆旅游活动的广告中会频繁出现赞助商的身影，赞助商的产品广告中也会不断提及节庆旅游活动的信息，或者将参与节庆旅游活动作为消费者购买赞助商产品的奖励。

5.4.1.7 节庆旅游者

节庆旅游者是指购买节庆旅游活动产品或服务的相关消费者，是与节庆旅游活动有切身利益的外部公众，也是节庆旅游活动最常见和最主要的营销对象。他们的参与和购买行为决定了节庆旅游活动举办者、目的地相关产业、旅游中间商和赞助商的盈利情况。参与节庆旅游活动的人员有当地民众和外地旅游者，其中当地民众的参与不是节庆旅游活动获取利益的来源。通过各种营销手段，加强节庆旅游信息的传递和沟通，正确引导消费者参与和购买节庆旅游产品，积极塑造良好的公众形象，同消费者建立广泛而紧密的依附关系，是节庆旅游活动健康持续发展的保障。

5.4.1.8 新闻媒介

新闻媒介是传播新闻和信息的传媒机构，包括广播电台、电视台、杂志社、报社、大众网站和 App 等，是节庆旅游活动举办者向社会公众传递信息、进行沟通的桥梁，是节庆旅游活动对外营销、进行形象宣传的窗口和主战场。新闻媒介对节庆旅游活动的正面报道、减少或屏蔽负面新闻报道、维护出现活动危机后与新闻媒介的信息沟通，都需要依靠营销推广工作，建立新闻媒介与营销推广二者的联系，并持续维护新闻媒介与节庆项目举办者之间的良好关系。大型节庆旅游活动常常会设立新闻中心或新闻组，用来对接各个新闻媒介，做好关系维护工作。

5.4.2 广告营销

5.4.2.1 广告营销流程

广告作为一种高效的营销工具，可以将明确的信息传达给更多的人。节庆旅游广告的营销传播是活动举办者采用广告的方式，持续不断地展示和传达节庆旅游活动的内容要素，传播其品牌的优势价值，以维护或增强旅游者对其品牌的美誉度和忠诚度的过程。通过活动的广告传播，节庆举办者可以迅速推广自己的理念、视觉识别要素以及活动品牌明显区别于其他活动个性化的文化内涵和形象特征，把一个鲜明的、独立的、个性的节庆旅游活动品牌概念和形象深深植入消费者的心中，使其成为消费者选择活动产品的决定性依据和说服自己的理由，并使消费者在认识和了解节庆旅游活动的基础上对其品牌产生依赖和忠诚。在节庆旅游活动举办的不同阶段，传播的内容也不相同。一般情况下，举办之前，传播的内容是节庆旅游活动的文化内涵和旅游目的地的环境要素，为节庆旅游活动最大限度地获得客源和招商引资造势；举办期间，传播的内容主要是宣传节庆旅游活动产品创意和服务质量及旅游者的创意感受，让节庆旅游活动参与者感到物有所值；举办之后，旅游者的反馈评价和活动效益等，则为节庆旅游活动的下一步延伸打下基础。

川藏地区节庆旅游产业的营销者为了有效地与购买者进行信息沟通，可以通过发布广告的形式广泛传播有关节庆旅游产品的信息，通过各种营业推广活动传递短期刺激购买的有关信息，通过派遣推销员面对面地说服潜在购买者。在广告信息渠道多样化的今天，许多工具可以用于营销工作中，包括信函、宣传单、宣传册、邮递插页、广告、海报、演说、明信片、街头演示、广播和电视广告、网络广告、户外广告、电子邮件、客户服务和电子商务、活动主办设施内指示卡片、公共交通工具、报纸杂志广告等。对于一次大型节庆旅游活动而言，主要通过以下步骤来制定营销策略：确认目标受众；分析受众信息来源偏好；确定营销目的；确定营销费用；确定营销组合要素；确定详细营销方案，如选择媒体、制作广告、发布计划等（见图5-1）。

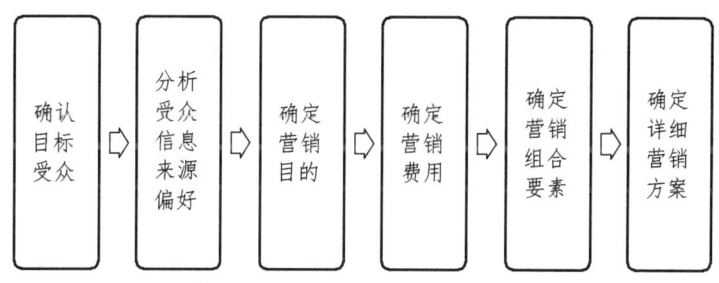

图 5-1　节庆旅游活动广告营销工作流程

5.4.2.2　广告媒体选择

报纸、杂志、电视、广播、互联网、户外广告等都是日常生活中常见的广告媒体。根据其物理性质进行划分，广告媒介主要包括印刷广告（报纸、杂志、招贴、包装等）、电波广告（广播、电视、互联网等）、户外广告（霓虹灯、路牌、交通、空飘等）、实物广告（橱窗、展览、表演等）和其他形式的广告。

1）媒体选择标准

节庆旅游活动不同举办时段对不同媒体的选择至关重要，一般情况下要基于以下三个标准：

（1）成本因素。不同媒体的使用成本是不同的，千人成本（广告费用与广告信息到达人数的比值）能够给予活动举办者该如何恰当地选择广告媒体的提示。有时候电视的成本可能很高，但是其覆盖面广，其千人成本并不高。

（2）能恰当表现产品的特征。节庆旅游活动在广告宣传时，对声、色、形、动感等都有较高的要求，所以所选择的媒体也应该能够表现旅游活动的特征。

（3）媒体与该产品的定位吻合。在选择媒体之前，要对你感兴趣的媒体的广告机会、成本、受众群体情况、各种技术数据等有所了解，最终要看是否符合节庆旅游活动的主题定位。

2）主要媒体的优缺点

对于节庆旅游活动的信息沟通和营销推广需求来说，不同的广告媒体具有不同的优点和缺点（见表 5-2），所以只有最合适的媒体，而没有绝对正确和完美的媒体。要选择媒体，活动主办方、承办方必须进行跨媒体比较，也就是在各种不同的媒体间进行比较。到底选用哪种媒体，应该由所有参与广告营销的人做出决策：节庆旅游活动主办方、承办方、广告公司、媒体中介等。以下概要总结了主要媒体的优缺点，是否使用一种媒体，常常出于营销人员的主观感觉和印象，而不是客观数据，所以聘请有经验的媒体专家作为川藏地区节庆旅游活动的营销人员非常重要。

表 5-2　主要广告媒体的优缺点

序号	媒体	优点	缺点
1	报纸	时效性；地区偏重性；灵活性	全国性费用高；传阅受众数量少；缺乏目标受众的选择性
2	杂志	具有目标受众选择性；良好的色彩表现；拥有传阅受众；可控制发行范围	截止日期太早；缺乏时效性；到达率累计速度慢

续表

序号	媒体	优点	缺点
3	电视	色彩声音等动感展示方式多；灵活性；既能到达挑选出来的市场，也能到达大众市场；符合成本效益	费用高；关注度低；信息存在时间短；广告承载量大（干扰）；没有目录价值
4	广播	能够到达特殊种类的目标受众；高频率；伴生性媒体；特别适合移动中的人群；灵活性；提供了有效的地方覆盖率	一个市场有很多电台；没有目录价值；某些节目形式的关注度低
5	互联网	主动式媒体；提供官方消息的成本低；补充性信息；有效而便利地采集文档；营销调查费用低	费用高；在网络销售与传统销售渠道中存在冲突；干扰特别多；竞争者干扰度高
6	户外广告	在地方市场的覆盖率高；高频率；可使用最大的印刷尺寸；地区灵活性；全天曝光	仅限于简单的信息；高回忆度不确定；费用高
7	公交媒体	可覆盖大都市的大规模受众；高频率；灵活性；效率相对较高	有限的信息空间；来自其他媒体和个人活动的竞争激烈
8	电话	精准性；容易确认对方反应；个性化强；地区灵活性	时间限制；信息空间；合法性；技术障碍

资料来源：[美]杰克·西瑟斯，罗杰·巴隆. 广告媒体策划[M]. 范徽，等，译. 北京：中国人民大学出版社，2006：209-210.

3）川藏地区广告媒体的选择

不同媒体发挥的作用是不同的，不同节庆旅游活动的潜在消费者也是不同的，因此在选择广告媒体时，要结合媒体的优缺点和消费者的信息来源渠道进行综合分析后，再决定所要选择的媒体。目前媒体的优缺点是已知的，但潜在消费者的信息来源渠道还是未知的。探究其信息来源渠道的关键就在于要对川藏地区节庆旅游的目标游客群体进行详细的特征调查，然后再分析其信息来源渠道的偏好。川藏地区特殊的地形地貌和气候使得游客群体普遍较为年轻，他们的信息获取渠道主要是移动互联网，包括微博、微信、各类视频网站等，因此川藏地区的节庆旅游活动的广告媒体就应该以移动媒体为主。自驾游爱好者同样是川藏地区节庆旅游的主力消费群体，那么还应当从各条公路旁的户外广告牌、自驾游俱乐部、体育电视频道、相关网站和杂志入手。此外，从国外发达地区的节庆旅游活动营销策略来看，选择多个媒体进行组合是最有效的广告营销方式之一。

5.4.3 公关营销

除了广告营销渠道，川藏地区节庆旅游产业还可以通过公共关系手段梳理和改善自身在公众心目中的形象，传播节庆旅游产品的信息，达到节庆旅游活动营销的目的。公共关系是用来推广和保护节庆旅游活动的形象、品牌及其保证节庆旅游活动顺利进行的宣传方法。广告营销可能面向目标客户群体，而公共关系一般则面向不确定的公众群体。

5.4.3.1 公关营销的主要方法

公关营销的方法有很多，在节庆旅游活动中常见的有如下四种。

1）新闻宣传

利用新闻、报道形式传递信息，通常是公共关系首要的沟通方式，即通过特定媒体（电视、广播、报纸、杂志、网站等）传播精心规划的信息，一般包括撰写新闻报道和举行新闻发布会。政府举办的节庆旅游活动一般都会有相应的活动新闻报道；而完全由企业举办的节庆旅游活动则需要主动出击，争取在节庆旅游产品的创新上赢得媒体的青睐，让媒体主动关注节庆旅游活动举办的进程。媒体的正面报道是决定节庆旅游活动知名度和影响力的主要途径，很多节庆旅游活动都专门设立公关部，邀请新闻媒介对其进行跟踪报道。

2）事件营销

事件是公共关系发展过程中最具影响力的一种沟通工具，也是公关最显著、最为人所熟知的沟通工具之一。事件指经由公关人员根据目标，精心策划并执行的一种信息传递活动，除了吸引目标受众的参与以达到双向沟通的目的之外，还希望活动具有新闻价值，通过新闻媒体的报道，扩大信息的告知和引导功能，它包括节庆、展览、会议、实地采访、抽奖、赞助、问卷调查等。节庆旅游活动本身就是一项大型事件活动，可通过节庆旅游活动进一步对旅游目的地或者活动举办地进行公关。但是，关于旅游产品的节庆旅游活动，在活动举办之前，通过新闻发布、市场调查、现场咨询、演讲等公共事件进行公关也是十分必要的。除了上述比较传统的事件公关外，在当下互联网的"眼球经济"盛行之际，一些看似不经意的个人行为也逐渐成为事件公关的主要选择，尤其是通过社交媒体和视频网站的传播，其营销效果相当惊人。当然，事件营销是一把双刃剑。如果策划的事件引起了受众的反感，那么对于节庆旅游活动的品牌口碑和公众形象将是毁灭性的打击。

3）公关广告

公关广告是指某企业或组织为增进公众对它的整体性了解，提高其知名度和美誉度而开展的一种宣传活动。与传统商业广告不同，公关广告多以新闻事件为背景，借助媒体、舆论对新闻事件的关注度开展宣传活动，达到提高知名度等效果，故而成本较商业广告低廉，但需要有合乎时机的新闻事件作为载体。公关广告包括告知广告、倡议广告和公益广告等。对于大型节庆旅游活动来讲，举办之前对相关工作人员的动员、对广大民众及旅游者的通报也可以看作是一种公关广告。

4）网络公关

网络公关是指利用互联网的高科技表达手段营造节庆旅游活动的形象，为现代公共关系提供新的思维方式、策划思路和传播媒介。常见的网络公关工具有电子邮件、论坛、博客、社交媒体、网上社区、视频网站等，当前几乎每一个大型节庆旅游活动都有自己专门的官方网站，一些专业的旅游网站也设立了节事页面，这些都是节庆旅游活动进行公关的很好的途径。以网站为例，在川藏地区 118 项节庆旅游活动中，目前竟然没有一个节庆旅游项目有自己专门的官方网站。这说明川藏地区节庆旅游产业的发展水平还非常低,其网络公关有待大力加强。

5.4.3.2 公关营销的评估

公关营销的评估工作很重要,它不仅是对节庆旅游项目公关部门的业绩考核,还会对今后的公关策略和方法起到修正和完善的作用。传统的公关营销评估内容包括测量媒体报道的频率和篇幅。表 5-3 给出了一个大致的清单。几种具体的评估方法总结出大量评估顾客投诉率和问询率的增长或下降,评估方法也被普遍使用,但充其量只能和公关活动产生间接联系。评价媒体影响价值是另一种评估方法,但这种方法武断地对每一媒介的重要程度进行分配,因此是很主观的,目前有一定争议。最常用的仅仅一种评估方法很难定量地评估公关活动在空间和时间上与广告相比较的价值。这包括测量公关活动在出版物、电视和广播等媒体上所占的空间,然后计算如果公关活动要购买这些空间所要花费的成本。

表 5-3　公关活动的主要评估方法

序号	评估方法	说明
1	出席数据	测量节庆旅游活动的出席率、赞助商和参与者的数量和质量——为了和公关活动产生直接的联系,如果可能的话,和之前的结果联系起来。在多方面的任何改变,充其量只能间接地与公共关系的变化相联系
2	相等的广告成本或相等的媒体价值	能够看起来印象深刻,因此被广泛使用。广告和公共关系有不同的作用,所以他们不能基于相同的假设进行比较
3	在知名度和知名质量上的变化	意见投票可显示知名度是提高还是下降,其他的调研工作可以显示理解的深度是提高还是下降
4	媒体影响价值	需要用价值来衡量媒体,然后通过报道的频率来扩大其价值。可以将较高价值的信息分配给那些对节庆旅游活动最重要的媒体,然后再对所有媒体进行比较

续表

序号	评估方法	说明
5	收到的投诉或咨询	那些产生疑问的报告和公共关系活动有直接关系。收到的投诉可以显示公众是怎样接收或感知活动沟通信息的
6	媒体报道的频率	当预测哪个媒体最可能发布报道时，测量活动被报道次数是很有价值的指标
7	曝光率和被看到的概率	出现在不止一种媒介上的文章可能被大量的读者、听众和观众传播扩大。那些媒体必须测量报道的总数。充其量这只是可能的曝光率，但理解的质量和深度无法测量
8	市场份额数据	在公共关系活动过程中，市场份额可能会提高，但只能推断它们之间有间接联系
9	跟踪记录	比上面任何一种都更为可信的方法是，保持记录习惯，然后对记录结果进行比较

资料来源：[美]盖伊·马斯特曼，[英]艾玛·H. 伍德. 节事营销传播[M]. 闫佳，邓瑞锁，译. 上海：上海人民出版社，2008：101.

对节庆旅游这样一个日益发展的产业，较稳妥的评估方法是广泛的市场调研。对一个成功的公关活动进行有效的评估，使用调查和访谈的方法为佳。例如，调查节庆旅游活动的目标公众在多大程度上受公关活动的影响，是一个比较可信的评估方法。市场调研是一个成本比较高昂的方法，目前在川藏地区节庆旅游业的实践中并未被普遍使用。然而公关是一种很重要的营销工具，它是节庆旅游活动用于沟通的最重要的工具，所以任何有关公关的有效性程度的反馈都是很重要的信息。因此，今后必须加强对川藏地区节庆旅游的市场调研工作。

6 川藏地区节庆旅游产业运营管理体系

从节庆旅游运行流程来看，节庆旅游项目管理的主要程序包含节庆旅游活动战略、节庆旅游活动管理、节庆旅游活动协调三方面内容。节庆旅游活动战略主要涉及节庆旅游项目的计划、人力资源管理、营销等内容；节庆旅游活动管理主要涉及节庆旅游活动的赞助、控制与预算、法律和风险管理、信息技术活动等内容；节庆旅游活动的协调包括节庆旅游活动的物流、演出、评估和报告等内容。按照川藏地区节庆旅游产业的发展原则和发展战略，在川藏地区节庆旅游的产品开发启动后，就需要开始川藏地区节庆旅游产业的运营管理体系的搭建工作。以下将从组织和人员管理、现场管理、赞助与财务管理、风险管理这四个重要方面进行阐述。

6.1 组织和人员管理

在川藏地区节庆旅游活动的日常运营过程中，最重要的前提工作就是节庆旅游项目的组织和人员管理。组织和人员管理主要涉及项目组织的结构和职责、人员及其团队构成和分工等内容。节庆旅游的成果取决于组织方式以及相互作用的方式。它既会受到团队及个人的行为的影响，同时又会对团队及个人的行为和经济利益产生影响。在现阶段，节庆旅游项目的组织和人员管理的关键在于理顺主办机构（政府、企业）、合作机构或个人（赞助商、媒体、服务商）和社会公众这三类项目参与者之间的关系，必须明确各自的角色和职能，建立各方的权、责、利关系。

节庆旅游项目的主办机构对项目进行管理，并随时接受项目主体系统的各种反馈。随着节庆旅游产业的发展，政府、企业、协会和社区中的任何一方都有可能成为主办机构。如果旅游地的节庆旅游活动运作只是政府包办，那么因政府精力有限，可能会出现节庆旅游的主题雷同、效率低、质量差的情况。政府必须改变思路，把相当一部分节庆旅游活动的策划、组织和实施工作交于其他项目干系人完成。节庆旅游项目的合作机构主要包括赞助商、媒体和项目支持团队，由主办机构招商确定，它以各种方式支持主办机构的工作并反馈系统信息。赞助商通过充当主办者的伙伴和客户，为项目提供资金支持以保障节事的顺利举行，同时实现自身的利益；节庆旅游活动与媒体的整合，使得节庆项目影响范围更大，让更多的人接触到活动，也使媒体与节庆旅游项目形成某种品牌上的联系；与主办机构有共同愿景的项目支持团队是重要的项目干系人，它包括项目的全体工作人员，他们中的每个人都会对节庆旅游活动的成败起作用。社会公众是节庆旅游项目的核心主体，他们在参加节庆旅游活动的同时以各种形式向主办机构和合作机构反馈各种信息，在很大程度上影响节庆旅游活动运作的内容和方式。节庆旅游活动主办者必须以社会公众的需求即市场为导向，这是节庆旅游成败的关键和节庆旅游项目运作的根本依据。节庆旅游活动管理者必须考虑社会公众的多层次需要，一切活动都应围绕公众设计，积极鼓励公众的广泛参与，激发公众的热情，引导公众的行为，以实现节庆旅游活动的目标。

6.1.1 组织结构

根据不同的举办主体，节庆旅游活动组织结构可以分为政府主办型和企业（协会）主办型两类。不同类型的组织结构具有不同的特点。

6.1.1.1 政府主办型

政府主办型组织结构的最高职能部门是节庆旅游项目的组织委员会（简称组委会），一般由省、市各级政府以及所属的旅游、文化、工商、会展等部门组织人员构成。组委会下设组委会办公室、综合工作机构和各项活动组（见图 6-1）。目前由于节庆旅游产业发展水平还不高，川藏地区的节庆旅游活动绝大多数都是政府主办型。

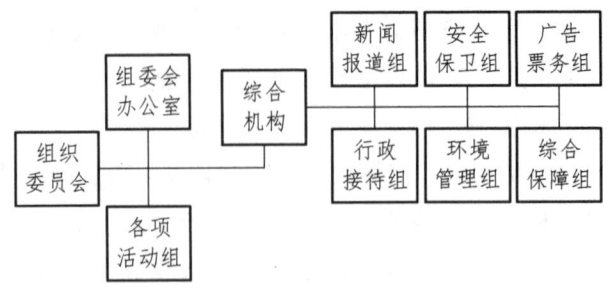

图 6-1 政府主办型组织结构

组委会办公室统一协调统筹各部门和利益相关者的关系。综合工作机构下设有关职能部门，包括新闻报道组、行政接待组、安全保卫组、环境管理组、广告票务组、综合保障组等部门。各项活动组属于节庆旅游活动的分支管理机构，负责每次节庆旅游活动下面若干不同类型的节庆旅游活动策划、设计、组织和管理。这种组织结构的工作人员基本上都由政府人员担任。由于主办主体的特殊性，政府主办型组织机构能够充分利用其行政资源来协调各部门的关系，处理各职能部门的利益分歧，并保证节庆旅游活动运作的效率，这也是政府主办型节庆旅游活动的最大优势。

同时，这种组织结构根据节庆旅游活动的运作和经营要求进行设计，分工明确，尽可能地满足了节庆旅游活动参与者的需求。这种横向的组合方式由部门统筹协调，提高了专业化程度，增强了处理突发事件的能力，有利于实现节庆旅游活动的总目标，便于各部门内部与其他部门的协作。但是，政府主办型节庆旅游活动的组织安排、宣传促销等都是以政府命令的形式来组织和实施的，所需的资金往往也由政府来出，或者由政府将其摊派给企业或当地群众，在整个节庆旅游活动中没有发挥出企业的积极性和主动性，没有得到当地群众的拥护和支持。

6.1.1.2 企业主办型

企业主办型的节庆旅游活动，其组织结构设计有两种形式。第一种是总经理下设项目经理，项目经理直接受总经理领导（见图 6-2）。项目经理负责协调各部门之间的业务，尤其是各活动组织间的关系。节庆旅游活动中各项目在时间进度安排和资源配置上往往出现互相冲突，因此需要项目经理来进行协调以保证节庆旅游的正常运作。第二种是在系统中设置与职能部门同一层级的项目管理部门，直接接受项目最高领导的指令，项目管理部门再按不同的项目设置项目经理。在这种结构中，项目经理可以联合各个部门的力量协调各个部门之间的关系，从而达到有效利用各种资源的目的。

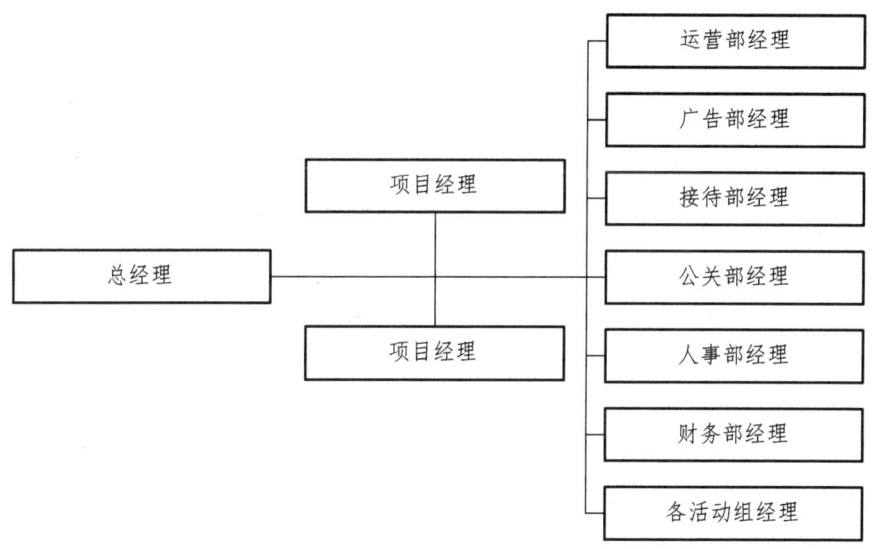

图 6-2 企业主办型组织结构

企业主办型组织结构是在综合考量节庆旅游活动运作的目的以及运营成本的基础上设置的。这种组织结构简单、高效、富有弹性。较之政府主办型组织结构，其设置更为科学合理。同时，企业主办型组织结构的节庆旅游活动也是节庆旅游活动市场化运营的一种必然选择，节庆旅游活动完全被作为旅游产品来对待，所有部门都是为了获得效益这个目标提供服务。不过，缺乏政府引导的完全市场化的企业主办型节庆旅游活动也是行不通的，毕竟大型节庆旅游活动需要大量的行政和社会资源，还和举办地的形象紧密挂钩，政府必然在其中发挥作用。目前川藏地区的节庆旅游活动中，少部分新创建的节庆旅游活动属于政府委托企业主办，从组织结构来看，企业总经理还需要政府相关部门的领导。

6.1.2 团队建设

无论采取什么样的组织结构,一个好的节庆旅游项目都是由多个团队共同完成的,团队的工作离不开内部各成员的努力。团队内部各组成成员的角色和任务安排十分重要,应充分重视团队的沟通和冲突处理,做好项目的组织和控制。

6.1.2.1 项目团队的组成和特点

1)项目团队的组成

节庆旅游活动项目团队一般包括节庆旅游活动项目经理、助理项目经理、项目办公室人员和专业人员等。其中节庆旅游活动项目经理的主要职责是节庆旅游活动的规划、组织、指挥和控制整个节庆项目的运作。项目经理助理主要是辅助项目经理完成上述任务。项目办公室人员主要负责具体项目实施计划的制订、上级命令的传达、组织和策划具体项目等。专业人员则根据各自的分工不同具体完成节庆旅游活动项目的实施,如营销推广、销售等。

2)优秀项目团队的特点

(1)明确且统一的目标。

项目团队的目标必须具备两个特征:明确和统一。明确的目标就是要使项目成员对自己的工作有一个清晰的理解,并坚信这一目标的意义和价值。统一的目标是项目团队保持凝聚力的保证。只有目标统一,项目才能如期完成。

(2)良好的沟通。

一方面,良好的沟通表现为项目成员之间通过畅通的渠道交流信息,包括各种语言和非语言交流,能迅速而准确地了解彼此的想法和情感;另一方面,管理层与团队成员之间顺畅的信息反馈也是良好沟通的重要特征,它有助于管理者指导团队成员的行动,从而消除误解。

(3)合理的分工和协作。

团队必然涉及很多成员。明确成员的相互关系,做好合理的分工与协作是项目团队保持生命力、确保项目顺利完成的重要保证。团队成员要了解为实现项目目标而必须做的工作及其与其他人所承担的工作之间的关系。项目团队在建立初期，就要花一定的时间明确项目目标和成员间的相互关系，这样可以在以后的项目执行过程中节省许多时间与精力。

（4）健全的支持环境。

健全的支持环境包含内部和外部两个方面。从内部来看，项目团队应拥有一个合理的基础结构。这包括适当的培训、一套易于理解的并用以评估项目成员总体绩效的测量系统，以及一个起支持作用的人力资源系统。恰当的基础结构应能够支持并强化成员行为以取得高绩效。从外部来看，管理层应给项目团队提供完成工作所必需的各种资源。

6.1.2.2 项目团队的组织和控制

节庆旅游活动项目的组织和控制主要表现在组建团队领导班子、加强团队建设、控制项目实施进程、控制项目实施过程中的资源分配等方面。

1）组建团队领导班子

节庆旅游活动项目的实施是一项复杂的系统工程，需要各部门、各机构的合作。项目领导班子是由节庆项目经理、各个部门或机构的负责人（销售部经理、宣传部经理、文娱部经理、赞助商代表等）组成的领导小组。其中，节庆项目经理统筹各项工作的实施；各个部门或机构的负责人统筹自己职责内的各项工作的实施，并及时向项目经理汇报工作情况。

2）加强团队建设

加强项目团队建设的宗旨是提高项目成员的业务素质，以团队文化为核心，更好地凝聚众多团队成员。因此，项目管理人员，一方面要加强项目成员的业务培训，不仅提高他们对于项目本身的认识，还要加强对其人际关系、组织关系、配合关系等方面能力的培训；另一方面要注重宣传团队文化，增强成员之间的凝聚力，提高成员的工作效率。

3）控制项目实施进程

节庆旅游活动是由一项项具体的项目工作所组成的。即使在项目经理制定了总的项目进程的前提下，各项目组成员在开展自己的工作时，其实施进度也可能不同。因此，作为管理人员，要适时调控各项目小组的实施进程，不能出现进度悬殊的情况，否则会影响整个项目的进程。

另外，由于外部环境的不确定性，管理人员也要适时监控已制定的总体规划是否符合变化了的实际情况。一旦出现外部环境的变化，就要考虑是否应该调整总体规划。

4）控制项目实施过程中的资源分配

项目实施过程中的资源分配主要包括人力、物力、财力、信息的分配。人力、物力和财力的分配主要是根据各项目小组工作任务的性质和难易程度，合理分配相应的人力、物力和财力，不能出现一方闲置、另一方紧缺的现象。而信息分配主要是项目管理层与各项目组成员以及各项目组成员之间的信息沟通。信息的沟通是项目顺利完成的重要保障。

6.1.3 志愿者管理

大中型节庆旅游活动的举办离不开一个重要的群体，那就是志愿者，志愿者的主体是节庆旅游活动所在地的在校大学生。可以向川藏地区节庆旅游活动提供志愿者的相关高校如表 6-1 所示。其他距离较远的如地处成都市的众多高校，都无法长时间地给节庆旅游活动提供稳定的志愿者。

表 6-1 可向川藏地区节庆旅游提供志愿者的相关高校一览

序号	城市	学校名称	开设的相关专业
1	西藏拉萨	西藏大学	旅游管理
2	西藏拉萨	西藏职业技术学院	旅游管理、导游
3	西藏拉萨	拉萨师范高等专科学校	旅游管理、旅游工艺品设计与制作
4	四川康定	四川民族学院	旅游管理
5	四川汶川	阿坝师范学院	旅游管理与服务教育

6.1.3.1 使用志愿者的目的

1）解决项目短期工作人员不足的问题

举办大中型节庆旅游活动，往往在短时期内聚集大量的人流、物流和信息流。活动前期，节庆项目需要社会推广人员进行实地宣传，如发放传单、进行市场调查等；节庆开幕式、活动现场的搭建和撤除需要人员监管并处理相关手续；活动举办过程中，众多的领导、媒体和观众来到现场，需要相关人员负责现场各个方面的基础服务；节庆项目中的大量活动也同样需要许多工作人员的参与和配合。如果仅靠主办方的员工，根本无法保证活动的顺利开展。因此需要在短期内招募大量素质较高的志愿者，以解决节庆旅游活动工作人员不足的问题。

2）减少活动的人员成本

节庆旅游活动规模大、持续时间长，主办方既要考虑人员成本，又要兼顾节庆旅游活动的效果，招募志愿者进行服务是最合适不过的方法。由于志愿者的主体是在校大学生，支付给他们的费用相对于全职人员和社会人员的工资较低。并且，志愿者的来源比较集中，主办方可以依托和学校的关系在短时间内完成志愿者的招募，从而降低了主办方的招募成本。此外，志愿者属于短期兼职，不需要主办方长期支付固定工资，也没有"五险一金"等强制性的福利待遇，所以招募志愿者能在很大程度上减少节庆旅游活动的人员开支。

3）提供较为优质的服务

对于节庆旅游项目而言，短时期内招募到大量素质较高的人员是非常困难的，而以大学生为主体的志愿者的素质往往比较高，他们自然成为节庆旅游项目主办方的首选。他们具有良好的服务意识和较强的纪律性，在接受短期的专业培训后，能够针对观众和各类供应商的需求，提供比较优质的服务。同时，许多志愿者本身的专业就是旅游管理、会展经济与管理、酒店管理等旅游类专业，所以和其他人员相比，他们在专业知识方面也具有较强的优势，并且所做的工作内容和所处的工作岗位对志愿者今后的个人发展也有比较重要的影响，他们的工作积极性和主动性也比较强，从而保证了节庆旅游项目的服务质量。

6.1.3.2 志愿者的培训

通过培训，志愿者可以更加清楚、系统地了解开展此次节庆旅游活动的任务和目标，明白其提供志愿服务的意义，具备执行任务所必备的知识与技能，提高服务能力，顺利完成服务任务。志愿者的培训是一项大而复杂的系统工程，对一些大型节庆旅游活动而言更是如此，志愿者的培训工作一般涉及以下两点。

1）培训内容

培训内容的质量好坏关系到整个培训工作的成败，也关系到节庆旅游活动开展的成败，是一项十分重要的工作。具体的培训内容应该根据节庆旅游活动的差别而有所不同，归纳起来主要有两类：理论培养和技能训练。理论培养侧重于介绍志愿服务的工作概念和服务对象的相关知识，主要针对新进入组织的志愿者展开。技能训练主要包括志愿服务技巧，如沟通、活动设计等，特别技能培训，如岗位技能、急救训练等，管理能力培训，如策划、领导、组织等能力的培养。其中，志愿服务技巧和特别技能培训主要针对不同的服务工作需要展开，而管理能力培训则主要针对资深的志愿者，为他们提供进一步的管理能力培养。[①]

2）培训方式

培训方式的选择要以提高培训效率为准则，充分调动培训者的学习积极性。例如采用自学、面授和实训三结合的形式，充分提高培训效率。志愿者通过网上培训平台，结合各类培训教材和网上培训课程开展自学。根据各志愿者岗位的要求，志愿者可以参加课题面授培训。面授培训注重互动参与，注重模拟训练。对于与岗位实践有关的课程，由先行受训的管理岗位志愿者对专业岗位志愿者和综合岗位志愿者进行培训。另外，根据上岗时间的先后，志愿者分批接受实习培训。组织方在大型节庆旅游活动和重要景点设立实训岗位，安排志愿者参加实战演练，并在正式上岗前安排志愿者参加所要服务岗位的实际训练。

6.1.3.3　志愿者的激励约束

大型节庆旅游活动可根据不同阶段在不同程度上形成动态的激励，在整体上满足志愿者的各层次需求，特别是关系和发展层面的需求，从而实现最优管理效果。

1）赋予志愿者权利

授予权利是一种有效的激励方式。给予志愿者团体一定的自我组织

[①] 赵敏，杨婧.关于非营利组织志愿者人力资源管理[J].现代企业教育，2009（2）：74-75.

和管理权，如基于工作岗位赋予小组自我管理权限，参与人员分工安排，避免岗位配置和定员的不灵活。授予权利能够激发志愿者的主动性和归属感，激发小组的需求一致性，激发志愿者的责任感，满足交往需求和成长需求。

2）增加参与度

参与度的高低对心理满意度的贡献非常大。在招募培训阶段可以设置志愿者与节庆旅游项目的合理互动环节，如在晚会网站入口增加志愿者入口，设置志愿者交流平台，满足其交往需求。在节庆旅游活动后期阶段，可以请志愿者完成服务记录单，记录其对节庆旅游活动的观察和思考，并根据资料的价值在活动结束后进行奖励。这样不仅可以体现志愿者的价值，也可以为节庆旅游活动的评估提供志愿者角度的数据资料。

3）认可及奖励

荣誉和认可是众人或组织对个人的评价，是满足人们自尊需求、奋力进取的重要手段。志愿者以志愿服务精神提供服务、获得认可是有效的激励方式。一方面，志愿者的服务对象向志愿者表达的感谢或鼓励，这种鼓励是最直接和有效的回馈，因此需要主办方提供简单便捷的表达感谢的方式或途径。另一方面，主办方对志愿者所表达的感谢，特别是在志愿活动结束后，通过有意义和独特的方式进行感谢。这些精神鼓励和回馈不仅能够满足其成长需求，还可以满足其奉献责任的利他动机。

4）良好的工作环境

良好的工作环境不是指舒适和无压力的环境，而是指：一方面满足志愿者开展工作的基本需求，包括合理统筹后勤保障、工作物品的配备、安全保障等方面；另一方面主办方相关负责人与志愿者的负责人要在工作现场营造良好的工作氛围和工作关系。

6.2 现场管理

节庆旅游活动的现场管理是指在节庆旅游活动现场执行节庆项目计划、实施节庆旅游活动方案、确保节庆旅游活动顺利进行直至圆满结束各环节的管理工作。节庆旅游活动现场管理质量的高低，在很大程度上决定了该节庆旅游活动的美誉度。无论前期的营销推广工作做得多出色，旅游者们来到旅游目的地的亲身体验才是产品的真实质量。在当前细节决定成败的社会氛围中，节庆旅游活动现场管理的每个细微之处都非常重要，把细节进行量化处理可以有效提高整个管理工作的质量和水平。节庆旅游活动的现场管理环节较多，下面对现场活动、餐饮以及结束管理和清理等三个现场环节进行介绍。

6.2.1 现场活动管理

节庆旅游活动的现场活动多种多样，包括开闭幕式、展览、会议、文艺演出、体育赛事、文化娱乐等，现场活动的管理也可谓是千头万绪，但节庆系列活动中最重要也是最核心的活动就是开闭幕式。这里以开闭幕式活动为例讲解现场活动的管理要点。

现场活动管理主要是对舞台、灯光、音乐和音响、布景和装饰、视觉及特效、节目和主持人、供电设施等具体事物的管理。这些项目的直接操作和维护以及相关设备的管理，往往需要专业技术人员，但节庆旅游活动的整体调配，还是需要项目管理者的统一协调和安排。

6.2.1.1 舞台

一般节庆旅游活动的舞台管理，需要指定专门的舞台监督、技术监督、执行监督和助理监督人员，主要负责舞台的设计、舞台的布景、节目的流程安排等工作。此外，节庆旅游活动的司仪，即通常所说的节目主持人，需要和节庆旅游活动管理者、舞台监督密切合作，确保活动按照计划顺利进行。节庆旅游活动的舞台管理特别要注意安全问题，比如舞台的构造、舞台入口处的畅通、舞台所需电源等。另外，舞台的后台布置也需要合理和安全。

6.2.1.2 灯光

节庆旅游活动的灯光主要有两个作用，首先是照明，其次是艺术效果。目前来看，灯光的设计和使用往往更注重其艺术性及氛围营造的独特性。按照节庆旅游活动需要，灯光分为室内、室外实用性灯光和艺术性灯光。节庆旅游活动的灯光设计要从实用性和艺术性两方面考虑，而且要与整个活动主题吻合，起到烘托现场气氛、强化活动体验的作用。通过灯光的布置、灯光的种类、灯光的指向以及灯光的颜色等技术性手段，突出活动的主题。为了保证灯光效果和使用安全性，一般要请专门的灯光师对节庆旅游活动所需灯光进行规划管理。

6.2.1.3 音乐和音响

根据节庆旅游活动主题选择适当的音乐，可以营造一种良好的氛围，为参与者提供舒适的活动环境。节庆旅游活动中使用音响设备主要是为了传达活动的声音，使得参与者可以清楚地听到讲话和音乐，并同时感受不同的听觉效果。良好的音响效果需要通过专业的技术人员设计每个音箱的位置、选择不同的音响设备得以实现。对于实际活动产生的现场声音、广播声音以及录制声音，需要专业人士协调，以防出现诸如麦克风无法出声或啸叫等失误。在活动现场，特别是室外活动现场，音乐和音响的音量大小对周围环境造成的影响是必须要考虑的。尽量减少对外界的干扰是活动主办方、承办方应该奉行的宗旨，以免引起当地居民的不满或者其他投诉，从而影响整个活动的美誉度。

6.2.1.4 视听设备及特效

视觉效果在节庆旅游活动现场扮演着越来越重要的角色，已成为节庆旅游活动不可或缺的组成部分，如播放电视、录像和幻灯片的投影仪、大屏幕等先进的视频图像设备。特技效果也可以为活动现场带来与众不同的感觉，比如高科技的声光电技术以及传统的气球、烟火、干冰等，这些不仅可以渲染节庆旅游活动的主题，还可以为活动设定特殊的基调，带动参与者的情绪，成为活动的一大亮点。但节庆旅游活动不能滥用这些特效技术，如果不能烘托或者支持节庆旅游活动的主题，这些特效设计就是很大的浪费。由于这些视听设备和特效技术比较庞大复杂，因此需要专业的技术处理并预先设计、编程，通过电脑控制以减少人为的操作失误。

6.2.1.5 布景和装饰

一般的节庆旅游活动在舞台设计、布景运用和整体装饰方面比较类似，如何巧妙使用这些要素烘托节庆旅游活动的主题，营造节庆旅游活动所需的氛围，需要设计者充分了解活动的主题，并考虑要面向的观众。这些要素需要与节庆旅游活动有机协调起来，通过必要的设计元素，如气球、鲜花、彩布、灯光等，来表现、传达节庆旅游活动的主旨。在布景和装饰的运用方面，切忌贪大求全，从而给人以粗糙、庸俗的感觉，这需要节庆旅游活动主办方、承办方和设计者进行必要的沟通，只有切合节庆旅游活动主题的设计才是成功的设计。

6.2.1.6 节目和主持人

除了专门的文艺演出和娱乐性节庆旅游活动，一般的节庆旅游活动开闭幕式都会安排主持人以及一定的文娱节目。现场对主持人的要求比较高，必须确保主持人有足够的现场操控能力和与观众互动的能力。并不是所有的节庆旅游活动都需要文娱节目作为支持，根据节庆旅游活动的主题选择适合的文娱节目可以烘托整个活动的气氛，反之则会对参与者的体验带来负面影响。

6.2.2 餐饮管理

一般节庆旅游活动都配有食品和酒水的服务，川藏地区的节庆旅游活动最受欢迎的内容之一就是美食餐饮，所以节庆旅游活动的现场餐饮管理是必不可少的。其中需要主要考虑的问题是餐饮供应与参与者数量的匹配以及食品和酒水及时到位的方法，这些都需要完善的后勤保障措施。节庆旅游活动餐饮服务中涉及大量的计划、控制和团队工作。完善的组织和周密的预先计划是筹备餐饮活动的必要条件。在制订餐饮计划时，必须掌握关于活动的全部有效信息，并保证将此信息传达给关键执行者。

6.2.2.1 餐饮服务的方式

节庆旅游活动的餐饮服务方式种类较多，一般的节庆旅游活动餐饮服务都会采用自助式,这样服务相对方便简捷。节庆旅游活动的餐饮服务一般安排在活动中场休息时,地点就设置在活动场地。一般的餐饮服务时间为 15~20 分钟,一个节庆旅游活动有 1~2 次餐饮服务,主要供应各种饮料、甜点、小吃和水果。餐饮的数量、餐台的数量及位置都要根据节庆旅游活动的规定、场所确定,同时要保证有充足的服务员,及时供应和更换参与者所需的食品、酒水,而且一定要保证所有食品和酒水以及餐具的卫生。

6.2.2.2 餐饮管理的内容

节庆旅游活动现场餐饮管理是指活动现场食品和酒水供应以及服务的管理,它包括食品和酒水的质量管理、时间管理和服务管理。节庆旅游活动期间的环境卫生和个人卫生都非常重要,尤其是餐饮供应时段,更要保证所有食品和酒水质量以及服务人员的卫生状况。因此,食品和酒水的配送需要灵活处理,比如请专门的食品供应公司,确保不同食品的合理存放,减少霉菌的侵害,都是质量管理的必要环节。现场餐饮管理提供的时间要根据节庆旅游活动的休息时间灵活安排,时间既不能太短也不能太长,一般餐饮休息阶段,很多参与者更多是为了交流,所以要考虑这个因素。在节庆旅游活动的现场服务方面,由于现场餐饮服务对不同岗位的服务内容和操作要求不同,为了使各项工作规范化,要对餐饮服务的全套程序进行控制、管理和监督,以保证餐饮服务质量。

6.2.2.3 餐饮管理的基本原则

节庆旅游活动的餐饮计划和现场餐饮管理必须遵循一定的原则,一般来说有以下几条:

(1)预先根据节庆旅游活动规模确定餐饮供应的总计划和总目标,安排好充足的后勤保障工作,如餐台的数量。

(2)根据节庆旅游活动参与者的特征,确定食品和酒水的种类。比如,参与者如果以老年人为主,则食品和酒水的供应应该符合老年人的饮食习惯;参与者如果有宗教信仰,对食品和酒水有禁忌,就要专门准备相应的食品和酒水。

（3）餐台的设置要合理，确保参与者的可达性，并保证添加食品的便利性，同时要时刻保持地面的清洁和通道的畅通。

（4）可以通过灯光和音乐烘托现场气氛，使就餐者容易发现特色食品，并增加食欲，心情愉悦。

6.2.3 结束管理和清理

节庆旅游活动结束后，现场的结束管理和清理工作非常重要。现场结束管理和清理工作有条不紊，可以体现节庆旅游活动主办方、承办方的全局操控能力。并且在节庆旅游活动现场结束后，能及时听取员工的反馈和感受，有利于工作经验的总结和积累，有利于提高员工素质，有利于妥善处理活动的后续工作。

节庆旅游活动的现场工作结束后，节庆旅游活动项目负责人必须组织人员对活动现场进行妥善的处理和清理，其中清理是指节庆旅游活动工作人员对现场物品、环境的清洁和整理。节庆旅游活动的现场结束管理和清理是节庆旅游活动的最后一个环节，快速有效的现场整理是良好团队精神的体现。活动结束后及时清理现场，可以为节庆旅游活动的真正完结画上圆满的句号。

一般的节庆旅游活动结束后，工作人员都比较辛苦，因此事先通知就比较重要了。如何最大限度地调动员工积极性是项目负责人应该考虑的问题。活动结束后，要趁热打铁，适当鼓舞员工士气，争取在最短时间内高效完成现场的清理工作。现场结束管理和清理要注意适当的技巧，比如工作完成后准备小型的庆功宴或者其他形式的奖励活动，也可以准备适当的物质奖励等。现场结束管理和清理的原则可以总结为"事先通知，现场鼓劲，突击完成"。

6.3 赞助与财务管理

赞助与财务管理是节庆旅游活动管理中理财工作的两个主要方面，也是提高节庆旅游活动经济效益的主要手段，对于营利性的节庆旅游活动来说，赞助与财务管理就显得尤其重要。

6.3.1 赞助管理

节庆旅游活动赞助是现代节庆旅游活动的产物，是指赞助者向接受赞助者提供资金、实物、技术和劳务等支持，受赞者则给予赞助者冠名、名称、广告、专利和促销等权利作为回报的一种商业行为。节庆旅游活动赞助是赞助行为在各种节庆旅游活动中的应用，主办方为在节庆旅游活动中亮相的企业和组织提供一系列的赞助机会，包括活动的冠名、会场演讲、背景板、代表证、门票、奖品、会议特刊、网络广告等。企业利用节庆旅游活动这个平台为企业宣传促销，最大限度地为提高品牌知名度和美誉度创造条件。

有效的赞助是节庆旅游项目获得足够资金和提高经济效益的基本途径。川藏地区的政府财力有限，对节庆旅游项目的先期投入不可能太多，所以节庆旅游活动承办者必须在政府的支持下，通过适当的政策和广泛的渠道获得所需的资金、物质或技术服务支持。

6.3.1.1 赞助的原则

活动合法原则：公司计划赞助的对象或活动，本身必须是正当的、合法的，是对社会公众有益的。这是最基本的原则。

目标明确化原则：尽可能地通过指标来实现目标，并使之具体化和定量化。可以用一些心理指标来表述，如知名度、信誉度、媒体曝光度、现场观众人数、媒体的收视（听）率、广告的覆盖率等。

双赢原则：赞助活动是一种产品，也要讲究设计和包装，要站在对方的角度，给对方实实在在的回报。这样才能吸引对方参与，既要考虑核心产品（活动本身），还要重视附加产品，如策划制作活动专题节目、安排明星参加赞助、企业新产品发布会等。

媒体参与原则：赞助活动能够成功，最关键的因素是能够取得媒体的关注和宣传，必须高度重视、积极运作。比如要联合报纸、杂志、电台、电视、网络等媒体，共同举办一系列声势浩大的推广活动，增加活动的曝光率，提高产品的精彩度和市场销售能力。

多元化原则：应设计多元化的赞助权益菜单供不同企业选择。赞助权益的大小可根据赞助金额的多少来确定，要让企业了解提供什么样的赞助可以享受什么样的权益，满足不同层次企业的需求，增加赞助企业的数量。

排他性原则：赞助通常只允许同一行业的一家企业参与，避免对双方造成资源浪费，并且降低企业间的竞争，赋予赞助企业在活动中的垄断权力，最大限度地确保赞助企业的商业利益，促使节庆旅游品牌的无形资产增值，从而实现节庆旅游项目与赞助企业的双赢。

广泛化原则：广大的赞助商是节庆旅游活动资金充足的前提，也是活动内容和形式可以扩展的保证。为此，应该努力吸引不同行业的赞助商参与节庆旅游活动的赞助活动。为了使双方都获得收益，既可以为节庆旅游活动提供有力的资金或物质保障，又可以为企业进行有效直接的宣传，同时发挥节庆旅游活动广泛的影响力。

规范性原则：节庆旅游活动虽然是一种动态的吸引物，但又必须在动态中寻求某种确定性和规范性，使从招募赞助商到实施赞助的整个过程都达到规范化标准，这也是著名节庆旅游活动获得巨大效益的先决条件。

市场化原则：节庆旅游活动进入市场化运作必须遵循市场规律，注入"成本与利润""投入与产出"的理念。源源不断的资金来源是节庆旅游活动历久不衰的阳光和土壤，也是节庆营销得以传承的基础。但资金来源不能仅依赖政府的财政投入，应建立"投资—回报"机制。同时，逐步提高知名度和影响力，吸引大企业、大财团以及媒体的参与，形成"以节养节"的良性循环发展模式。

产业化原则：要围绕节庆旅游活动，项目策划、集资、广告、会务、展览、场地布置、彩车制作、观礼台搭建、纪念品制作等，都以招标投标、合同契约的有序竞争方式进行，促进节庆旅游产业的深入发展。

6.3.1.2 赞助的要点

节庆旅游活动举办的社会赞助活动，必须在国家法律、法规和政策许可的范围内，严格遵守财政、税务、审计、工商行政管理和物价部门的有关规章制度，本着自愿的原则进行。财政、审计和工商行政管理等部门有权对赞助活动和赞助经费的使用进行监督、检查。

建立多赢的伙伴关系。要加强对节庆旅游活动赞助的管理，最重要的是在节庆期间，赞助商和媒体之间建立共赢的伙伴关系。节庆旅游活动赞助体系由赞助方、接受赞助方、中介方和媒体组成，它们相互关联，缺一不可。只有坚持互利互惠原则，密切配合，优势互补，共同办好计划中的活动，赞助活动才能顺利进行，各方面利益才能如愿以偿。

避免过分商业化。赞助的应用重在一个"巧"字，既要让公众知道公司参加赞助的事实，又要让公众感兴趣，切忌商业味太浓。赞助商与节庆旅游活动营销者必须真诚合作，切实为对方着想，让对方放心。

管理的内容应该尽量全面而细化，并且有专人分工进行管理，其中包括赞助商管理、赞助项目管理、赞助人员管理、赞助活动财务管理、赞助形式和收入的管理、赞助实物管理及对相关工作人员的奖励惩罚管理措施等方面。

赞助管理最重要的内容，就是寻求适当的赞助者。对于节庆旅游项目主办方来说，关键是要找到希望与参加节庆旅游活动的公众群（或公众群中重要的组成群体）接触的企业或其他单位，或者节庆旅游活动可以帮助其解决某个特定问题的企业或单位。一旦分辨出合适的潜在赞助者后，就要确保对每一个潜在赞助者进行更加详细的调查。节庆旅游活动组织方应该指定专人与赞助方保持接触和联系，并与赞助方的员工建立友好的关系，这样就可以提前了解赞助方的需求，并考虑如何满足这些需求。另外，实施赞助启动活动、媒体监控、答谢活动等行动也有利于赞助管理。

6.3.2 财务管理

节庆旅游活动的财务管理，是主办方处理与各个赞助商的财务关系，并且对节庆旅游活动的财务活动进行有效管理的过程。它是节庆旅游活动中的一项重要工作，对整个节庆旅游活动的成功起着关键的作用。

6.3.2.1　财务管理的目标

节庆旅游活动的财务管理目标是适应多因素变化的综合目标群，包括整体目标和分部目标。在当前川藏地区节庆旅游产业的实践中，由于主办方多为当地各级政府，所以着力点不是节庆旅游活动本身的盈利，而是对地方经济发展的长期带动作用。

1）整体目标

在节庆旅游活动中，无论是主办方还是承办方，从企业的角度看，财务管理的整体目标都应该定位于财富最大化，即采用最优的财务政策，在考虑了货币的时间价值和风险报酬的情况下，不断增加企业财富，使企业总价值达到最大。在节庆旅游活动中，主办方、承办方和赞助商考虑最多的是风险及回报问题。

2）分部目标

筹资管理目标：在满足节庆旅游活动运营需要的情况下，不断降低获得资金的成本和财务风险。节庆旅游活动主办方的筹资目标更在于数量，由于节庆旅游活动与普通企业的长期性经营有所不同，因此财务风险相对较低。

投资管理目标：认真进行投资项目的可行性研究，力求提高投资回报，降低投资风险。在节庆旅游活动中，要根据活动特点、地区特点、赞助商的特点来举办一些配套的活动，不仅能提高节庆旅游活动本身的影响力，还可以为主办方带来更多的收益。

运营资金管理目标：合理利用资金，加速资金周转，不断提高资金的利用效果。力争合理利用赞助商及相关资金，发挥其最大效能。

利润管理目标：在节庆旅游活动中，除了给主办方带来显性的利润收益以外，最重要的还是要考虑未来的收益，因此在利润分配中应该考虑赞助商的利益。

6.3.2.2　财务管理的内容

节庆旅游活动的财务管理内容一般包括筹资管理、营运资金管理和利润分配管理等方面。川藏地区节庆旅游活动的主办方大多为投资方，主要是节庆旅游活动举办地的地方政府,所以财务管理的主体往往也是政府或政府委托的企业。

1)筹资管理

筹资是指节庆旅游活动主办方向外部有关单位或个人,以及从自身内部筹措和集中活动运营所需资金的财务活动。目前的筹资渠道主要包括国家财政资金、企业内部资金、金融机构资金、其他单位资金、职工和民间资金、国外资金。由于川藏地区的节庆旅游活动大都是以各地政府为主办方和投资方,因此资金来源主要是国家财政拨款。在筹资方式方面,取得资金的具体形式有吸收直接资金、金融机构贷款、股票、债券、租赁、留存收益和商业信用。

2)营运资金管理

节庆旅游活动的营运资金管理一般仅涉及现金管理,节庆旅游活动的现金收支的主要项目如表 6-2 所示。因为节庆旅游活动的营运资金投入时间相对比较集中且短暂,一般以天、周、月来计数,不存在一年或一年以上的营业周期;节庆旅游活动的营运资金投入数额相对较少,所需资金用于完成一次节庆旅游活动的相关开支即可,不存在大量资金的投入问题;节庆旅游活动的营运资金投入的形式比较简单,现金投入是最需要和最适合的形式,一般不使用长短期有价债券投入的形式。不过要注意的是,节庆旅游活动还具有现金成本的问题,机会成本、转换成本和短缺成本的问题同样存在,因此需要考虑最佳现金持有量。

表 6-2　节庆旅游活动的现金收支大项

序号	收入	支出
1	拨款	管理费
2	赠款	广告印刷
3	捐款	租金
4	赞助	设备
5	门票	薪水
6	商品或服务	保险
7	活动项目	许可证

续表

序号	收入	支出
8	展位费	安全保安
9	参会费	财务
10	特许权	保洁
11	酬金	现场搭建
12	特殊项目	交通物流

3）利润分配管理

节庆旅游活动的利润分配管理涉及多方面的利益关系，必须规范利润分配渠道，统一利润分配办法，实现合理的利润分配。节庆旅游活动利润总额的构成内容取决于节庆旅游活动的收入与成本费用之间的比例关系，包括营业利润、投资净收益和营业外收支净额三大部分。节庆旅游活动的营业利润是在节庆旅游活动中所获得的利润，具体项目列支包括如节庆旅游活动的赞助收入、门票销售收入，各类商品销售及服务收入、活动项目收入、展位租金收入、参会收入，以及节庆旅游活动的设施设备费用、工作人员费用、节庆旅游活动日常开支费用、营销推广费用等。与普通生产经营企业相比，节庆旅游活动的活动时间跨度较小，经营项目比较简单，在利润分配中应按照"依法分配、兼顾各方、谁投资谁受益"的分配原则。

6.4 风险管理

风险是指节庆旅游项目不能达到预期目标的可能性。节庆旅游活动尤其容易受到风险的影响，其各个部分与各个阶段都存在风险。节庆旅游活动的运行总是受战略决策的失误、市场环境的变化、旅游者需求的变化以及举办者融资能力等的影响，面临诸多风险。如何建立危机预警机制，通过相应的风险管理手段解决节庆旅游活动运营的风险，成为节庆旅游活动策划者和承办者必须要正视的问题。

6.4.1 主要风险

总体而言，川藏地区节庆旅游产业所面临的风险主要包括以下六个方面。

6.4.1.1 战略风险

战略风险是指不确定因素对节庆战略发展目标和实施发展规划的影响。战略决定了节庆旅游活动发展的方向、目标。节庆战略的制定直接影响节庆旅游活动的开展。例如，川藏地区节庆旅游活动的市场定位、产品组合、价格制定等对节庆旅游活动运营的绩效影响非常大。而市场定位不明确、产品的策划与组合不够完善，无法准确适应市场的需求，都会为节庆旅游活动运营带来巨大的风险。

6.4.1.2 市场风险

市场风险是指市场需求和市场竞争等不确定性对节庆旅游活动运营既定目标造成的影响。市场风险具体包括旅游者需求的变化，竞争对手的产品、价格、营销措施变化、利率、汇率风险、商品价格风险等。这些因素从不同方面对节庆旅游活动造成影响。例如，竞争对手产品的开发与创新会影响市场竞争格局，尤其会对自身市场进行细分，并造成市场的流失，影响节庆的盈利和发展。对手的营销措施，如定价的改变、广告的投放等都会对自身的运营造成一定的负面影响，增加运营风险。

6.4.1.3 运营风险

运营风险是指节庆场地布置、现场管理、供应链管理、人才流动、各种资源的配置等不确定性因素对节庆运营目标造成的影响。现场管理包括旅游者在现场的流动、舞台与公众观看区域的布置、演出舞台背景的设置、志愿者的分布以及服务等。缺乏合理和有效的现场管理，举办场地会因此变得混乱和拥挤不堪。缺乏有效的引导和现场服务，旅游者对节庆旅游产品的感知和满意度会大打折扣，这将最终影响节庆旅游活动运营的绩效和可持续发展。运营风险的其他要素同样会对节庆运营造成影响。

6.4.1.4　财务风险

财务风险是指利率和汇率变动、原材料或产品价格波动、信用政策等不确定因素对节庆承办方现金流的影响，以及节庆运营方在理财方面的行为对企业财务目标的影响。政府对利率的调整对于节庆旅游运营影响巨大，当宏观经济出现通货膨胀的趋势时，政府会提高存款准备金率和各项存贷款利率；在货币政策趋紧的背景下，节庆旅游承办方的融资能力受到限制，还款的压力增加，很大程度上增加了节庆旅游活动运营的风险。

6.4.1.5　合同风险

合同风险指各种非正常的损失，它既包括归责于合同一方或双方当事人的事由所导致的损失，又包括不可归责于合同双方当事人的事由所导致的损失，如广告商的违约、节庆现场物料供应商的违约、重要员工的违约等，抑或自己的违约造成的违约金赔偿等。广告商的违约直接导致承办方预期收益以及流动资金的减少，这对于节庆运营的影响往往是致命的。节庆现场物料供应商的违约可以直接导致节庆场地布置的中止，临时更换合作对象也会增加成本和风险。因此，合同签订后需要双方共同遵守，不能轻易变更。

6.4.1.6　安全风险

安全风险一般指公共和个人安全风险，即对不特定人或多数人的生命、健康或重大财产带来危害的事件发生的一种可能性，具体包括暴力犯罪、恐怖袭击、火灾、食物中毒、交通事故等。川藏地区节庆旅游活动期间，大量人员聚集，偷盗、抢劫等暴力行为极易发生，拥挤踩踏等非暴力行为也同样存在。因此，节庆旅游活动举办期间的公共安全风险降低了旅游者的满意度，对节庆旅游活动和举办地会造成严重的负面影响。

6.4.2　风险管理计划的要素

风险管理工作有赖于根据风险管理目标，提前制订风险管理计划。

当节庆旅游活动的风险发生时，就可以按照该计划进行风险控制，而不是临时制定应对措施。制订风险管理计划需要考虑以下多个因素。

6.4.2.1 资源配置情况

资源配置情况的评估是风险管理的基础和前提。制订节庆旅游活动风险管理计划，需要充分考虑节庆策划者所拥有的人、财、物、时间、信息等综合要素。节庆旅游活动的主办方、承办方在其所拥有的综合资源配置基础上，根据资源的配置现状进行综合评估，以便充分利用各种资源应对未来可能发生的风险。

6.4.2.2 对资源的利用和管理水平

在综合衡量节庆旅游活动所拥有的资源后，主办方、承办方需要考虑的另一个无形要素就是对资源的利用和管理能力。节庆运营主体所拥有的各种资源要素即便是再丰富，如果缺乏有效的利用和管理能力，也无法发挥其综合效益。因此，主办方、承办方要根据其对资源利用和管理的水平，制订相应的风险管理计划。

6.4.2.3 风险管理的技巧

对于不同的节庆旅游活动运营主体，因为其资源配置差异以及管理团队、节庆旅游活动运作经验的不同，他们对于危机处理的能力存在很大差异。风险管理的技巧也是制订风险管理计划的重要因素。风险管理的技巧能够在资源配置较差的情况下达到处理危机的目的。

6.4.2.4 相关利益主体的风险容忍度

节庆旅游活动的相关利益主体在进行投资时，考虑的是节庆旅游活动运营能否为其带来收益。他们在节庆旅游活动实际运营过程中，总是面临来自各方的风险，并且会给节庆旅游活动造成一定的损失，因此这就需要相关利益主体具有一定的风险容忍度，能够容忍风险的不确定性和破坏性。

6.4.2.5 风险后果的预估

在制订风险管理计划时，需要对风险可能带来的后果进行充分的预估，尤其是风险可能造成的最坏后果。对节庆旅游活动风险后果进行充分的预估，为风险管理计划提供了指导方向，主办方、承办方可以根据风险可能造成的后果进行系统分析，然后制订风险管理计划。

6.4.3 风险控制措施

为了应对上述风险的发生，节庆旅游项目在策划阶段就必须制订应急准备方案。虽然这些方案大多数时候无法阻止风险的发生，但是对于风险控制措施采取得越早，其破坏性就越小，才能够越早地使其回归正常轨道，并在一定程度上控制其继续蔓延。

6.4.3.1 控制型措施

控制型措施是通过避免、消除和减少意外事故发生的机会以及控制损失的幅度来减少期望损失成本的。在节庆旅游活动运营过程中，承办方需要实时分析节庆旅游活动运营所面临的各种内外风险，掌握风险变化的趋势和方向，对必然发生的风险采取一定的措施减少其破坏程度，这些措施能够最大限度地控制风险。常见的控制风险措施包括：减少已存在的风险因素；防止已存在的风险因素释放能量；改善风险因素的空间分布，从而限制其释放能量的速度；在时间和空间上把风险因素同可能遭受损害的人、财、物隔离；改变风险因素的基本性质；加强风险部门的防护能力；做好救护受损人和物的准备。

6.4.3.2 融资型措施

采取融资型措施的目标在于获得节庆旅游活动风险发生后用于弥补的资金，其核心在于避免因巨大损失发生而引起的财务上的波动。节庆旅游活动因广告费收入减少、游客数量减少等造成节庆收益风险后，应采取相应的措施，如贷款等，弥补由资金压力造成的节庆旅游活动正常运营的风险。

6.4.3.3 内部风险抑制

内部风险抑制的作用在于降低节庆旅游活动未来结果的变动,使风险管理者对于未来风险的发展和变化更有把握。节庆旅游活动应对节庆项目内部的人才危机、资金危机、文化危机、产品组合与质量危机等进行控制,保证节庆项目内部的凝聚力,提高产品的抗风险能力。

7 川藏地区节庆旅游人才培养机制

人才是旅游产业升级的重中之重，对于节庆旅游人才的培养是川藏地区发展节庆旅游工作中的重点。由于川藏地区节庆旅游的开发存在跨地区、跨产业等特征，需要探索通过协同培养平台的形式来建立川藏地区节庆旅游人才的培养体系。2014年，四川省人民政府和西藏自治区人民政府在《共同促进两省区旅游业发展合作协议》中提出，要加强旅游人才培养合作，鼓励和支持两省区在旅游人才院校培养、在职培训等领域的合作，提升旅游从业人员素质；充分发挥西部旅游人才培训基地、两省区远程教育和在线培训平台等优势，培养一批面向藏区的各类旅游急需紧缺和骨干人才；加强两省区旅游管理干部互派交流、挂职、任职，促进两省区旅游管理干部整体素质的提高。按照上述协议的规定，结合川藏地区节庆旅游发展的要求，川藏地区节庆旅游人才培养的核心应该就是建立川藏地区节庆旅游人才协同培养平台，然后依托该平台进行川藏地区节庆旅游的人才培养工作。

人才协同培养是在当前我国协同创新的背景下，将协同创新与应用型高校人才培养相融合，依托现代科学技术构建的信息资源平台，通过政府、高校、企业、研究院所、教师、学生等多主体间的资源集聚整合，突破各主体之间的隔阂与壁垒，激发释放核心要素的内在活力，可形成实现跨学科、跨领域、跨行业的协同互动发展创新人才培养模式。四川和西藏两省区在多个领域都有密切的合作，在节庆旅游方面，无论是节庆活动资源还是旅游产业的布局，川藏两省区的协同合作都有着扎实的基础和必要性。

7.1 川藏地区节庆旅游人才培养机制探索

7.1.1 协同培养目标定位

川藏地区节庆旅游人才协同培养的前提是协同培养目标的定位。人才培养指对人才进行教育、培训的过程。被选拔的人才一般都需经过培养训练，才能成为各种职业和岗位要求的专门人才。川藏地区节庆旅游人才协同培养涉及政府、高校、企业、研究院所、教师、学生等多个主体。多主体进行协同培养需要有明确的协同培养目标定位，否则会产生多方无法协同的现实问题。

川藏地区节庆旅游人才协同培养的目标定位涉及人才培养需求、人才培养类型、人才培养层次、人才培养原则、人才培养功能定位、人才培养特色等多个方面。协同培养工作需要政府进行有效推动、旅游行业进行准确指导、高校企业深度合作、人才培养机构分类实施。总的来说，川藏地区节庆旅游的人才应具备以下职业素养。

7.1.1.1 良好的心理品质和健康的身体

川藏地区节庆旅游从业者要深入川藏地区进行实地调查，跋山涉水，走街串巷，没有健康的体魄是无法完成工作的。同时，在少数民族地区从事服务性工作，川藏地区的节庆旅游人才还需要有良好的心理品质，热爱节庆旅游工作，热爱藏区，理得清思路、容得下矛盾，不感情用事、不优柔寡断。所以，拥有良好的心理品质和健康的身体才能做好川藏地区节庆旅游工作。

7.1.1.2 广博的学识和应用能力

川藏地区节庆旅游是一个综合性很强的工作，它涉及的知识面非常广，包括历史、地理、民俗、宗教、经济、管理、营销等方方面面。从业者要博学多识，具备深厚的专业背景，了解节庆活动内涵，懂得活动资源与目的地的渊源、背景、现状和发展趋势，而且掌握必要的节庆旅游工作方法和技巧，能熟练地运用计算机处理文字、制图，同时掌握摄影摄像技术，善于收集和处理资料，熟悉活动运营的流程。在工作过程中善于运用这些知识，保证节庆旅游项目能够顺利进行。

7.1.1.3 创造性的思维

川藏地区节庆旅游工作者在工作过程中不仅要有创新的意识，还要具有创新的思维。需要运用敏锐、新颖、独特的视角，创造和改良具有社会、经济价值的节庆活动。要对节庆旅游策划进行创新性的思维，不能照搬其他地区的成功模式。发散思维和收敛思维对创新活动是积极的，是创造性思维不可缺少的一部分。如果节庆旅游人才对于这两种思维方式运用得当，就会对创新活动起促进作用；反之，如果使用不当，就不能发挥应有的作用。

7.1.2 协同培养载体联动

川藏地区节庆旅游人才协同培养的核心是协同培养载体的联动。由于协同培养涉及的载体层次多、范围广，包括川藏地区各级政府、川藏地区旅游类高校、川藏地区旅游相关科研院所、川藏地区旅游企业等。对协同培养载体进行有效联动，组成人才培养共同体，才会对协同培养的效果起到关键性作用。

川藏地区节庆旅游人才协同培养，不仅需要强调宽厚的理论知识基础、熟练的应用性专业技能，还要突出培养能够将知识技能快速融入实际工作的操作能力。特别是需要人才有二次学习、改进和优化工作的能力。因此，川藏地区节庆旅游人才协同培养的载体联动就是要建立川藏地区的政府、行业协会、旅游企业、旅游院校共同参与的协同创新平台，完善协同创新机制，将人才协同培养作为协同创新平台的一个有机组成部分；同时，具有大旅游愿景的高校与行业企业共同建设应用型专业及课程，使得工作与人才培养相互促进，真正达到载体联动的目标。在川藏地区共同培养节庆旅游的工作中，高校的角色十分重要，对人才的培养首先应看重高校的教学水平而不是所处的区域，因此在高校的选择上不能仅限于藏区内的高校,而应将四川和西藏的所有高校全部纳入考察范围。截至 2018 年,川藏地区开设有节庆旅游相关专业的高校情况如表 7-1 所示。

表 7-1 川藏地区节庆旅游相关专业高校情况一览

序号	城市	学校名称	开设的相关专业
1	西藏拉萨	西藏大学	旅游管理
2	西藏拉萨	西藏职业技术学院	旅游管理、导游
3	西藏拉萨	拉萨师范高等专科学校	旅游管理、旅游工艺品设计与制作
4	四川康定	四川民族学院	旅游管理
5	四川汶川	阿坝师范学院	旅游管理与服务教育
6	四川成都	四川大学	旅游管理、会展经济与管理
7	四川成都	西南财经大学	旅游管理
8	四川成都	四川农业大学	旅游管理、会展经济与管理
9	四川成都	四川师范大学	旅游管理
10	四川成都	西南民族大学	旅游管理
11	四川成都	成都信息工程大学	旅游管理、会展经济与管理
12	四川成都	成都体育学院	旅游管理
13	四川成都	成都理工大学	旅游管理
14	四川成都	四川旅游学院	旅游管理、会展经济与管理
15	四川成都	成都大学	旅游管理、会展经济与管理
16	四川成都	西华大学	旅游管理
17	四川成都	成都文理学院	旅游管理
18	四川凉山	西昌学院	旅游管理

7.1.3 协同培养内容优化

川藏地区节庆旅游人才协同培养的主要内容是协同培养的优化,主要表现在以下三个方面:第一,学科专业要与川藏地区节庆旅游产业的发展相适应,突出岗位对接专业、职业技能对接课程学习,细分专业领域、细分课程体系，用产业的理念引领学科专业的建设和发展。目前川藏地区参与人才协同培养的主要是开设了旅游管理专业和会展经济与管理专业的高校，从开拓院校资源的角度看，专业的范围还可以适当拓展，包括文化产业管理、会展策划与管理、文化市场精英与管理等专业的高校也可以加入。第二，设计与川藏地区节庆旅游产业紧密结合的应用型课程，将课程模块化，不仅有利于不同协同培养载体的联动培养，也有利于实践资源的整合。目前高校还没有开设涵盖节庆旅游相关内容的专业，节庆旅游只是旅游管理或会展经济与管理专业下的一门课程，所以构建课程体系具备一定的难度，可以考虑在旅游管理专业下设节庆旅游方向，然后围绕该方向设计 2～3 门课程，配合旅游管理、会展经济与管理专业的其他课程组成节庆旅游的课程模块群。第三，建设多元化的课程讲授体系，由于协同培养的核心是多方载体联动，而各个载体的使命和工作不尽相同，为了使人才培养获得最大的效益，就必须建立适合每一个人才培养实施载体的课程讲授体系，课程讲授方式包括而不限于授课、学习讨论、角色互动、主题讲演、互动点评、作业提交、模拟比赛、项目实训等。

7.2　川藏地区节庆旅游人才培养机制构建

　　目前人才协同培养机制的缺失是制约川藏地区节庆旅游人才培养的瓶颈和障碍。川藏地区节庆旅游人才协同培养工作的根本出路是打破传统模式依赖，突破既有机制的禁锢，构建适应人才协同培养的新机制。人才协同培养是个系统工程，培养的主体具有多元化特征，除了高校，政府、企业也都拥有自身独特的人才培养优势和条件，人才协同培养的资源分别掌握在不同的培养主体手中，任何一个培养主体都不能够有效掌握人才协同培养所需要的全部资源，必须依靠其他的主体提供支持，形成协同效应，共同达成人才培养的目标。因此，川藏地区节庆旅游人才协同培养需要突破制约人才协同培养的内外部机制障碍，建立多机构、多部门、多单位的人才协同培养机制。

川藏地区节庆旅游人才协同培养的机制主要包括四个方面：组织机制、运行机制、激励约束机制和保障机制。需要注意的是，人才协同培养体系要充分发挥作用，需要做到"两个同步"。一方面，体系中的四个子机制要同步发挥作用。如果其中任何一个机制没有与其他机制同步，或者相互产生抵触，那么整个人才协同培养体系不可能正常运作。另一方面，体系无法在单一主体中运作，而是需要在高校、政府和企业共同组成的人才协同培养主体中同步运作，如果高校、政府、企业中的任何一个主体没有与其他主体同步，人才协同培养体系照样无法正常运作。在不同目标和利益的驱使下，不同主体寻求实现目标的途径、方式和步骤也明显不同。因此，要建立可持续发展的长效机制，促进能量或资源的交换，使人才培养发挥更大的社会效益和经济效益。第一，川藏地区节庆旅游人才协同培养的主体应该由川藏地区的旅游类高校来担任，这样才能有主导的力量发挥主体的作用，有利于人才协同培养的推进。第二，人才协同培养过程中要实现互利互赢，只有互利互赢，协同创新才有持久的生命力。第三，组织信息渠道顺畅，信息沟通高效是建立协同机制的关键，也是协同长效、稳定的根本保障。

7.2.1　川藏地区节庆旅游人才协同培养的组织机制

要做好川藏地区节庆旅游人才协同培养工作，就需要高校、政府和企业之间的协同配合。因此，川藏地区节庆旅游人才协同培养组织机制的建立，就是要确定川藏地区节庆旅游人才协同培养的组织架构和组织管理原则。

7.2.1.1　组织架构

目前，川藏地区节庆旅游人才协同培养的研究工作主要是由川藏旅游产业竞争力提升协同创新中心负责，整合了四川和西藏两省区的旅游主管部门、西藏大学以及多个旅游企业。该中心的具体使命是构建协同创新模式、探索先进的协同创新机制等，这与长期负责川藏地区节庆旅游人才协同培养的具体工作是有区别的；此外，牵头单位协同政府部门、其他高校和企业进行人才的协同培养工作,目前还不成体系。所以,笔者认为川藏地区节庆旅游人才协同培养的主体单位不应该由该中心长期担任。

因此,可以探索建立一个常设性的川藏地区节庆旅游人才协同培养机构——川藏地区节庆旅游人才教育联盟。该联盟由四川、西藏两省区的政府发起组建,由旅游主管部门、相关高校、旅游企业共同组成,采取理事会制度进行管理。参与联盟的各方共同签订理事会章程,制定联盟的基本组织制度,包括投入和分配制度、运行管理、成员的进入和退出机制,以及激励约束制度等。将"川藏地区节庆旅游人才教育联盟"作为川藏地区节庆旅游人才协同培养的主体组织,有以下几点考虑:

首先,人才协同培养机制需要一个资源聚集与双向流动的平台,如果仅仅依靠设在某个高校内的协同创新中心,无法做到整合四川和西藏两省区多所高校的优质师资、教学设施和校企合作等资源。要实现节庆旅游人才培养与区域内产业和企业需求的有效对接,同时解决高校以社会服务的形式为有关企业和地方政府解决员工培训、技术支持等现实问题,就需要多方教育资源在统一平台下双向流动,因此迫切需要成立联盟组织,强化组织内成员之间的沟通和依赖程度。

其次,节庆旅游产业的行业跨度较大,旅游人才的类别和旅游企业对人才的需求也多种多样,川藏地区所需要的节庆旅游人才不能是单一方向的人才。但是,各旅游类高校拥有各自的专业优势,没有一所高校可以做到全旅游产业链的优势覆盖,因此需要建立一个分类培养人才的实施平台,通过实体化组织形态实施协同培养教育,将旅游的核心专业与交叉专业和不同类别的旅游企业进行精准的对接,促进更多的学生多样化成才,提升教师专业的视野和素质,提高高校旅游类专业群和不同类别旅游企业的发展。

最后,人才培养所涉及的政府机构包括教育主管部门、行业主管部门和四川、西藏各级地方政府,彼此间的工作协同交叉复杂,需要联盟实体将上述主管部门纳入主要成员单位和强影响力群体,从川藏两地不同的人才教育区域特色、行业发展水平和地方经济社会发展方向入手,做到人才协同培养工作的精准规划。政府主管部门在组织联盟发展过程中具有较高的组织绩效与规范的心理预期，可以在多元化政策支持、影响和凝聚联盟成员等方面为联盟的人才协同培养工作提供支持。

"川藏地区节庆旅游人才教育联盟"是由多个利益相关者构成的任务型群体，具体组织架构如图7-1所示。其群体结构包括角色、规范、地位和规模等要素，共同解释和预测群体内大部分的个体行为与绩效，是开展协同创新教育重构组织内部治理结构的重要考虑因素。①

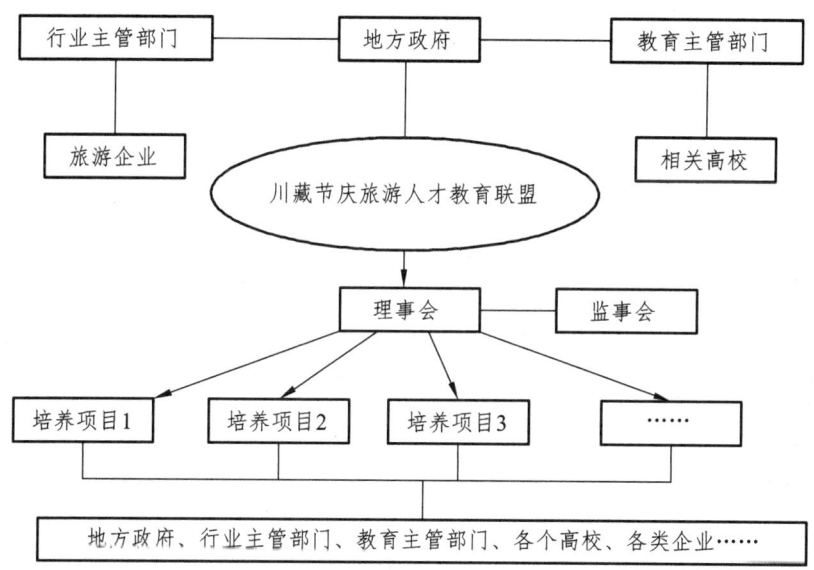

图 7-1 "川藏地区节庆旅游人才教育联盟"组织架构图

第一，联盟的核心机构是联盟理事会和监事会。由理事会根据参与联盟的政府、高校与企业合作的紧密性关系，确定联盟内部成员的地位与层次结构关系以及联盟的核心个体，围绕参与高校的专业基础布局和区域发展重点，确定联盟结构中各类企业的分布与规模，使联盟内的地方政府主管部门、合作院校和旅游企业等成员扮演不同的任务角色，表现出不同的角色认同和群体行为。其中，地方政府主管部门负责理事会的主持工作，重点在于政策支持、直接或间接凝聚联盟成员等方面；高

---

① 斯蒂芬·罗宾斯, 蒂莫西·贾奇. 组织行为学[M]. 李原, 孙健敏, 译. 北京: 中国人民大学出版社, 2008: 257-268.

校和企业共同作为联盟成员,担任人才协同培养的实施主体,包括人才培养计划和具体教育培养工作以及师资和场地的提供。

第二,制定联盟的可操作性工作规范和制度体系,要有联盟全体成员共同接受的系列制度,包括涉及人、财、物、教学、实习、合作与管理在内的全面系统化可操作性制度文件,细化到联盟的运作、管理和发展的方方面面,以提升联盟在人才培养中的可操作性和行为约束能力。

7.2.1.2 组织管理原则

首先是利益共享原则。利益共享是相关人才培养主体在合理差异和互惠互利基础上形成的对共同利益的公平享有,是利益相关者建立长期稳定合作关系的重要保障机制。高校、政府和企业的人才协同培养是川藏地区节庆旅游人才协同培养的重要途径。高校、政府、企业作为人才协同培养体制下的主要利益相关者,只有在人才协同培养过程中坚持利益共享的原则,才能使高校、政治和企业人才协同培养机制得到有效的保障。在当前国情下,政府在地方经济和社会的发展、优势产业的扶持方面担负着较多的责任,尤其是在川藏地区的经济扶贫、文化建设与发展节庆旅游产业之间的互利合作关系方面。旅游企业则面临着巨大的市场竞争,旅游业作为服务业,这样的属性决定了旅游人才的竞争是重中之重。而高校在转型发展、社会自主办学增多等方面的压力下,对培养适应社会和行业要求的应用型旅游类人才有着极强的需要。所以,高校与政府、高校与企业、高校与高校、政府与企业、政府与政府、企业与企业之间的合作逐渐向互惠互利转变。没有利益的协同合作是不可能持续发展的,利益分配不均所导致的任意一方消极怠工或干脆退出,都将导致人才培养工作的失败。因此,利益共享作为川藏地区节庆旅游人才协同培养的重要原则,必须为联盟组织主体和所有参与主体所接受,具体事项由联盟理事会负责制定。

其次是责任共担原则。责任共担原则是川藏地区节庆旅游人才协同培养的重要原则,也是提升人才培养质量的一种风险机制。人才培养是一个复杂的系统工程,不同利益相关者应对人才培养承担一份责任。政府、企业和高校作为人才培养的主要利益相关者,在人才培养的过程中,要承担各自的责任，尽到自己的义务。由于政府、企业和高校在人才培养过程中扮演的角色、发挥的作用和获得的收益有所不同，他们在联盟中所承担的责任也各不相同。但是，责任共担原则作为川藏地区节庆旅游人才协同培养机制的重要原则，在维护和保障人才培养质量方面发挥着重要作用，需要在联盟的理事会章程中充分体现，做到担负的责任与享受的利益对等。

最后是优势互补原则。政府、企业、高校在川藏地区节庆旅游人才协同培养过程中具有各自的优势并发挥着不同的作用。地方政府和旅游企业是节庆旅游人才的需求者，也是众多社会资源的拥有者。相对于企业来讲，政府拥有更多资源的分配和协调能力，旅游企业是学生旅游知识获取和技能训练、综合职业素质培养的重要场所。政府、企业的这些资源和优势是高技能应用人才培养过程中所必需的，也是高校所缺乏的。高校对学生专业知识和基本素质的培养是政府和企业远远不能达到的。因此，政府、企业和高校三方的优势互补是川藏地区节庆旅游人才协同培养的重要原则，在联盟打造具体的人才培养项目，选择和协同不同机构成员时，要重视体现项目参与各方的优势互补。

7.2.2　川藏地区节庆旅游人才协同培养的运行机制

"川藏地区节庆旅游人才教育联盟"的运行机制的核心在于"协同共管"。政府、高校、企业是川藏地区节庆旅游人才协同培养过程中的主要利益相关者，只有在联盟中建立政校企"协同共管"的管理运行机制，才能保证高素质技能型人才培养目标的实现。不同的利益相关主体对联盟的影响程度和影响面有所不同，因此他们对人才培养过程的管理侧重也有所不同。在川藏地区节庆旅游人才协同培养过程中，政府以其特有的职能和资源优势进行统筹协调，通过相关制度和法律的制定明确不同利益相关者之间的权利和义务，发挥主导作用；高校承担人才培养的基本职能，是人才培养的主要场所，在人才培养中发挥主体作用；企业是人才的接收者，并随着产业结构的不断调整和对人才需求的不断变化，主动参与到人才培养中来，成为人才培养的又一主体。总的来说，川藏地区节庆旅游人才协同培养"协同共管"的运行机制主要包括执行管理、人员和资金管理这两个大的方面。

7.2.2.1 川藏地区节庆旅游人才协同培养的执行管理

"川藏地区节庆旅游人才教育联盟"采取项目制的运行和管理，发挥政府的指导、协调和政策支持作用，发挥企业在市场、资金、实践教学方面的优势，将高校作为人才协同培养的主战场，紧紧依托川藏地区的旅游行业发展、旅游企业的共性和个性需求，积极探索校政协同、校企协同、校校协同等新机制，依托各个高校的旅游、酒店、餐饮、景观设计、会展、外语、文化、历史、地理、民俗等节庆旅游相关专业的教学资源，与政府和企业协同完成人才培养工作。具体措施如下：

第一，人才培养项目组以旅游产业链-旅游专业群为主线，开展川藏地区节庆旅游人才协同培养利益相关者的调研工作，在联盟理事会和项目执行委员会的领导下，根据政府的政策和规划、企业的需求和高校的优势专业基础，形成由政府、高校、企业构成的多个人才培养项目孵化单位，进而在科学合理的论证程序下，遴选出项目合作单位，共同组建人才协同培养项目组。在联盟理事会和项目执行委员会的协调管理下，实施川藏地区节庆旅游人才协同培养，联盟理事会和项目执行委员会在项目组的成员单位中要起到协调和沟通的作用，积极联合协同单位成员开展组织联盟群体决策、议事和反馈工作，注意不同项目组、同一项目组内部成员之间的信息互动，充分发挥联盟作为协同平台的整合功能。

第二，在联盟人才协同培养的工作中，由于人才培养的回报主要流向为企业，因此需要激发企业增加合作创新和人才培养投入的积极性，充分利用企业的设备和资金资源为高校提供实习基地、试验基地，服务于人才培养工作。引导企业逐步提高研究教育费用占销售收入的比例，鼓励企业与高校建立长期合作专项经费，推动企业成为人才协同培养模式中的投入主体。逐步形成以政府投入为引导、企业投入为主体、银行贷款为支撑、社会集资和引进外资为补充的多元参与的投资体系，以解决项目最重要的资金投入问题。在联盟的启动阶段，政府给予一定的财政支持，然后参与企业按照一定的比例缴纳联盟会费，会费的缴纳比例与人才的选择和流向程序直接挂钩。

第三，在联盟项目执行委员会的监督下，各个人才培养项目的成员单位共同遵守风险共担和利益共享的责任制度。在风险共担方面，高校与企业建立某种"可信承诺"。这些承诺包括法律约束意义的，如包含有利益与补偿机制的顶岗实习、订单培养协议，也包括非法律意义的，如学校与开设专业的社会声誉，以及企业参与人才培养贡献专项奖等。在利益共享方面，建立规范的培养成果评估体系，保证各方的合理利益，建立健全人才协同培养合作中的利益分配机制。在分配制度方面，可实行兼职兼薪，保证高校、企业双方的教师和管理人员的待遇并保持其积极性，创建高水平校企合作的教学团队，开展人才资源共享。在课程教学中，充分发挥高校教师特长，将新知识、新理论和新技术不断充实到专业课程教学中，为学生提供符合节庆旅游产业需要的教学内容，保证课程教学的先进性和实用性。充分发挥行业企业管理人员的优势，开发教学资源，建立课程教学项目案例库，引入企业实际项目案例进入课堂作为教学案例或学生实践项目，以项目和任务驱动教学。

第四，以校企合作为核心，带动项目组的人才协同培养工作。为保证川藏地区节庆旅游人才协同培养工作的实施，高校与企业结合企业的岗位需求、人才素质要求和高校的专业优势，共同完成人才协同培养工作。这包括联合成立教学型节庆旅游企业、高校内部的节庆旅游项目工作室等教学微组织，校企合作制订项目组的人才培养方案和计划，激发师生的参与性和发展动力，同时在项目组内设立俱乐部、沙龙等校企交流分享平台，提升学生的行业意识和能力。通过联合共建节庆旅游实验室、共建节庆旅游实践创新基地、开展基于节庆旅游项目的合作、建立校企战略合作关系等形式，基于产学研结合的形式，把课堂教学与课外活动、校内教学与校外实践、国内教学资源与国外教学资源有机结合起来，将课堂教学的"小课堂"延伸到课外、校外和国外，变成课内课外、校内校外、国内国外"三结合"的"大课堂"。项目组内的合作各方以人才协同培养平台为支撑，通过立项和联合开发等途径，开发节庆旅游相关课程、专题研讨课程、问题中心课程等新型课程，为创新人才培养奠定坚实的基础。

第五，积极探索在联盟协调管理下的校校协同人才培养。依托旅游相关高校各自的优势特色专业和优势专业群，开展高校与高校之间的协同合作。通过共同承担节庆旅游类科研项目、互聘师资、委托培养、共享课程和实验室资源等途径，充分释放人才、资本、信息、技术等创新要素活力。当前可着重探索建立优质教育资源共享、协调合作的新的高校战略合作伙伴关系，试点高校开展特定专业的委托培养等，进一步创新协同机制，共同搭建人才培养大平台。

第六，加强联盟内的政府与高校沟通，研究校地（区域）协同的人才培养。结合川藏区域内节庆旅游业发展的重大需求，高校与所在区域内的政府机构、旅游企业共建节庆旅游研发中心等科研机构，促进高校科研资源向行业企业和社会开放。构建多元化的成果转化与辐射模式，带动区域节庆旅游产业结构调整和节庆旅游产业的发展，在此过程中为学生提供创新实践机会，促进联盟成员高校旅游专业群交叉型、复合应用型创新人才培养模式的形成。

第七，尝试拓展由联盟牵头的国际交流与合作人才协同培养。在联盟理事会的牵头组织下，依托政府、高校和企业各自拥有的国际交流合作平台，与发达国家和地区的政府、高校、企业、机构开展合作，在节庆旅游人才跨国企业实习、国际化课程、国际化师资、节庆旅游专业认证、联合培养学位项目、国际交换生、短期游学项目等方面开展国际合作，提高川藏地区节庆旅游人才协同培养的国际化水平，培养具有国际视野和国际交往能力的节庆旅游创新人才。

7.2.2.2 川藏地区节庆旅游人才协同培养的人员和资金管理

"川藏地区节庆旅游人才教育联盟"应在联盟理事会的领导下，加强和规范川藏地区节庆旅游人才协同培养的计划项目及资金的管理，以保障人才协同培养工作的顺利实施，提高资金使用效益。具体措施如下：

第一，联盟理事会由政府牵头，地方政府、行业主管部门、教育主管部门、相关高校和企事业单位共同组成，同时选举成立监事会，下设财务管理委员会、项目执行委员会，具体成员由理事会决定。具体的各个人才培养项目采取项目组的形式开展工作,人员由项目执行委员会协同参与单位成员组成。联盟的各个成员单位的进入和退出机制由理事会负责制定,重点在于对参与高校和企业的准入和退出的评估程序。

第二,联盟项目执行委员会及项目组成员单位是资金计划的直接执行者,具体负责人才培养活动的组织和开展。联盟财务管理委员会负责建立健全对联盟运行和财务收支的监督管理机制。联盟理事会和监事会负责对联盟人才协同培养活动的实施情况及取得的成果进行考核验收。

第三,财务管理委员会的具体事务是资金管理体制的重点。该委员会负责完善联盟内部资金财务的内控机制,确保联盟正常运行和人才协同培养活动的顺利开展;制订年度工作计划、经费收支预算,撰写编制年度自评报告、经费收支决算报联盟理事会审定。接受联盟理事会组织的年度财务审计;提出联盟成员单位的分配机制及贡献奖励机制;根据社会团体的相关会计准则和规定,制定联盟财务管理细则及各项开支标准;审核年度工作计划、经费收支预算,并将审核确定的计划和预算于每年的 3 月底前报联盟理事会批复;委托作为实际培养主体的高校和企业成员单位财务部门,对联盟成员单位的经费收支实行专账明细核算。

第四,联盟监事会负责对联盟的各项财务收支进行全过程跟踪,每年出具财务审计报告并于次年报联盟理事会;在联盟内部定期公开联盟资金使用及人才协同培养成果等情况;每年年初,各个人才培养项目组的负责高校和企业报送上年度项目进展情况、人才协同培养成果、当年新开展项目情况等内容,经联盟理事会、监事会审核后,作为安排拨付资金的重要依据。

7.2.3　川藏地区节庆旅游人才协同培养的激励约束机制

使良好的协同培养关系能稳定健康地发展下去,使"川藏地区节庆旅游人才教育联盟"得以走向成功,并不是仅靠建立良性协调机制就能实现的。在"川藏地区节庆旅游人才教育联盟"的实际运作过程中,为了保证协同培养关系的稳定性,实现联盟的运行效率最大化,必须引入激励和约束机制，来激励各成员的积极行为，约束各成员的消极行为，特别是部分成员为了追求自身利益的最大化而产生对联盟发展不利的行为，从而使伙伴关系始终维持在信任、稳固的基础上，促进联盟目标的最终实现。

7.2.3.1 激励机制

川藏节庆旅游人才协同培养的激励机制由"川藏地区节庆旅游人才教育联盟"的组织目标和激励诱导因素组成。激励机制的直接目的是调动联盟成员的积极性，最终目的是实现联盟的组织目标，谋求联盟整体利益和个体利益的一致，因此要有一个组织目标体系来指引联盟成员个体努力的方向。然后是激励诱导因素，每个联盟成员只有在利益的驱动下才会向着共同的目标前进，因此联盟的激励诱导因素是激励各联盟成员正向活动的关键。联盟的激励诱导因素主要是由合理的利益和风险分配机制构成的，当联盟成员感到风险和利益分配合理并且公平，就可以有效地激励他们做出正向的对联盟有力的行为。主要措施有：

1）目标协同的激励机制

目标不仅是一个组织的基本特征，还表明一个组织存在的意义。目标是目的或宗旨的具体化，是一个组织力争达到的所希望的未来状况。确定切实可行且能够发挥实际指导作用的联盟目标是联盟成功的关键因素之一。在联盟的目标体系中，联盟的整体目标和各联盟成员的个体目标既有一致性，又存在着冲突。目标协同激励就是要通过目标选择、分解、转移等手段，使得联盟成员之间尽可能地减少冲突，尽可能地激发成员的潜能。建立一整套完整并且有效的目标体系对联盟的协调管理十分关键，如果在联盟的组建阶段就和联盟成员在协同协议中明确各自的目标任务，那么对联盟的运作就是十分有利的。

因此，采用目标协同激励进行协调主要就是在符合社会经济目标的前提下建立联盟整体目标，然后按照联盟成员的意愿和能力的要求进行目标分解，形成各联盟成员的个体目标。目标的设置要求：目标要清楚、明确；目标能用量化指标表示；联盟成员的目标要服从于联盟组织的整体目标，并形成一个目标体系；目标具有挑战性，能激发联盟成员的积极性。

2）利益与风险分配的激励机制

对于联盟中的每一个成员而言，收益和风险是不可分割的，联盟的建立也意味着一个新的利益与风险分配格局的形成。而联盟成员间能否实现收益与风险的合理分配就成为决定联盟组织成败的一个关键问题，是联盟组织稳定运行过程中必须要解决的一个问题。合理设计联盟的收益与风险分配机制的一个根本原则是"风险分担，收益共享"；必须遵守多赢规则，保证每一个伙伴都"有利可图"；必须包含公平分配的激励机制，保证各联盟成员"多劳多得"。

因此，利益与风险的分配要遵循以下原则：一是互惠互利原则。分配方案可使每个联盟成员的基本利益得到保障，不会影响联盟成员的积极性，否则容易导致合作失败。二是结构利益最优化原则。从实际情况出发，全盘考虑各种影响因素，合理确定利益分配的最优结构，促使各联盟成员实现最佳合作、协同发展。三是风险和收益相对称原则。充分考虑各联盟成员所承担的风险大小，对承担风险大的联盟成员应给予适当的风险补偿，以增强合作的积极性。四是个体利益原则。各联盟成员参与联盟所得的收益应大于单独行动所获得的收益，否则会出现中途背叛现象。

7.2.3.2 约束机制

川藏节庆旅游人才协同培养的约束机制是为了解决正面激励所不能解决的问题，在道德、法律等方面对联盟进行限制。联盟约束机制的根本目的是为了保证联盟内部各个联盟成员的利益，避免个别联盟成员出现不守信、中途退出等有损其他联盟成员利益的事件发生，以此将联盟的风险降低，更大程度地保证联盟最终目标的实现。

约束机制应当包含管理约束机制和监督约束机制。管理约束机制即联盟内部约束机制，诸如合同约束、行为规范等；而监督约束机制是指联盟外部约束，包括媒体在内的一切监督约束因素。主要措施有：

1）合同约束

合同约束是联盟约束机制中最主要和最重要的约束措施，在制定合同时要首先根据联盟的目标和宗旨，明确联盟各方的权利与义务，同时为防范合作一方的机会主义行为而制定限制性、排他性条款，如设立奖惩机制，让违约者得到应有的惩罚。制定适当的利益分配原则，许多联盟失败都源于利益分配不均，因此合理的利益分配原则是联盟得以生存的必要条件。明确联盟终止条款，以便当联盟行为有损某一联盟成员利益时，联盟成员可以退出该联盟以规避损失。可以通过保护性合同或合法的契约来阻止机会主义行为，使成员清楚投机行为预期的严重后果，从而根除投机心理，同时通过合同的严格性以及违反合同的严重性来提高对其他成员的行为信任度。

2）监察机制

"川藏地区节庆旅游人才教育联盟"是一种松散的、契约式的组织形式，由于政府、企业和高校等成员间信息不对称，各成员在利益驱动下难以避免地会出现负面行为，因此必须设计相应的监察机制对伙伴的行为进行监督和约束。有的企业成员因为担心自己的商业秘密被别的企业成员窃取，或者对利益的分配不满意，或者有新的利益诱惑，从而不愿为联盟完全贡献自己的核心竞争力，导致联盟运行效率低下，所取得的效益也与预期相差太远。为了保证联盟组织的效益，有必要引入检查与评估制度，建立检查与评估指标体系，定期或不定期地对所有参与人才培养项目的联盟成员进行绩效评价，对评价值不高的联盟成员，应分析具体情况，酌情做出处理。

7.2.4　川藏地区节庆旅游人才协同培养的保障机制

7.2.4.1　思想保障机制

就像大脑指挥四肢一样，思想决定着行为，思想观念是行为的先导，更新观念，对于深化川藏节庆旅游人才协同培养来说，是前提和基础。川藏节庆旅游人才协同培养不仅依赖于相关院校自身思想意识的提高，在很大程度上还需要地方政府、行业主管部门、教育主管部门、各高校、各类旅游企业提高认识，投身到协同培养工作中来。从目前比较常见的校企合作来看，各类旅游企业参与的热情不足，抛开所谓利益、损耗等方面的原因，大部分的旅游企业本身并没有认清人才培养的深度协同合作对于自我发展的重要性。如果旅游企业认识到参与川藏节庆旅游人才协同培养对其旅游人才储备、员工素质、科研能力、社会形象等长远利益的积极影响，就会毅然选择投入财力、物力、人力等来构建和完善协同合作关系。故而，应该针对旅游企业加强宣传，提升旅游企业对于川藏节庆旅游人才协同培养模式的认识和了解，逐步加强合作。同样，对于政府而言，利益的回报是长期性的，人才培养不可能在短时间内就取得非常显著的成效，很多校企合作以及校政合作无法取得成效的一部分原因就是高校一头热。因此，需要各方认识到只有通过协同发展，为经济社会提供了更高素质的旅游人力资源，才能促进旅游产业发展，提升区域旅游产业的竞争力。因此，川藏节庆旅游人才协同培养的各方主体都需要不断提高认识，在组建联盟时就要由政府牵头，高校和企业参与，就此思想达成共识。

7.2.4.2 政策保障机制

政策保障机制的目标是通过政策保障机制，完善制度、创新机制、加强管理、强化监督，保证川藏节庆旅游人才协同培养的规范性、安全性和有效性。

1）川藏节庆旅游人才协同培养政策的前瞻性

川藏节庆旅游人才协同培养的政策要体现出它的前瞻性和前沿性，要找准旅游产业发展规律和旅游人才的发展规律，政府、企业、院校要遵循规律，找准连接点和切入点，使川藏节庆旅游人才协同培养顺应旅游产业发展规律和旅游人才的发展规律并有机结合其发展的共同之处，预测未来发展趋势，明确川藏地区节庆旅游人才协同培养长远发展的时间和空间，为其提供可持续健康发展的制度环境。

2）川藏节庆旅游人才协同培养政策的层次性

川藏节庆旅游人才协同培养具有明显的复杂性、职业性和多元性，这就需要具有系统的、层次分明的政策制度对其进行全面部署。第一，地方旅游政府部门承担主要责任，负责总体规划、政策引导，加强川藏节庆旅游人才协同培养的统筹协调和分类指导，探索解决发展遇到的难点问题。第二，旅游相关行业部门要明确各自的任务与权力，同时也要协调好地方旅游政府部门与行业部门的职权，减少部门间的职责交叉和分散，减少对学校教育教学具体事务的干预，要加强对人才协同培养的指导。第三，明确"川藏地区节庆旅游人才教育联盟"内各类组织机构间的相互协调和层次衔接的职权和义务，由上到下协调一致。第四，明确各级各类旅游政府部门的职权，制定相应的政策，组建有序的、有机协调的川藏节庆旅游人才协同培养政策体系，使政策之间能够相互支撑、相互依附，为川藏节庆旅游人才协同培养提供良好的政策环境。

7.2.4.3 利益保障机制

在川藏节庆旅游人才协同培养的过程中，政府、院校、企业等都属于这一过程的利益相关者。利益相关者之间的利益亦是相互促进的，或者换句话说，如果处理不当会限制彼此的利益。经济社会下，做什么都讲求"效益"和"利益"，如果不能够保障利益相关者的权益，那么这样事物的存在也就意义不大了。故而想要川藏节庆旅游人才协同培养更长远地发展下去，如何保障各利益相关者的利益也是需要重点考虑的。通过采取政策引导、行业监督、企业管理、院校管理、学生反馈等措施，逐步解决川藏节庆旅游人才协同培养合作中遇到的问题、逐步完善协同培养的环境、营造协同培养的氛围，以保障各利益相关者的利益促进协同培养长久有效。能够保持并提高政府、学校、企业、学生、社会的"互利多赢"是协同培养的最根本目的，这也是一个良性循环的过程。

从目前的情况看来，部分旅游企业还没有真正参与到川藏节庆旅游人才协同培养中，其原因主要是利益得不到满足、效益难以保持等。那么如何使旅游企业在"社会责任"意识的引导下，充分发挥其在川藏节庆旅游人才协同培养中的作用呢？对旅游企业最简单有效的鼓励方式，就是对其利益的保护和提高。例如实施补偿计划，即参与川藏节庆旅游人才协同培养，或多或少会对旅游企业的日常生产造成影响。补偿计划就是给旅游企业实行多元补偿，弥补他们在参与协同培养过程中造成的经济损失。补偿应该体现长期化、常态化、规范化、合理化，并且对不同的旅游企业要进行不同的补偿措施。一般情况下，常用的补偿方式有减免旅游企业的经营税和所得税等。另外，可以进行"个别扶持"。所谓的"个别扶持"，指各地区政府行政部门对于旅游企业参与人才协同培养所实施的帮扶性措施，比如四川省文化旅游厅等相关负责机构可以将旅游企业参与协同培养纳入发展总计划中等。通过这类型的举措，旅游企业就犹如吃了"定心丸"，势必会以极大的热情参与人才的协同培养，并在其过程中积极履行应尽的义务和发挥应有的作用。

8 结 论

川藏地区作为我国西部的主要民族地区和世界独具一格的高原地域，蕴藏着极为丰富而独特的旅游资源。如何合理开发川藏地区旅游资源以促进和带动川藏地区的社会经济发展，已成为一个迫在眉睫的问题。

文化是旅游的灵魂，旅游是文化的载体，而文化旅游产业的核心就是 IP 资源。随着国民消费升级步伐加快，大众越来越不满足于传统的文化旅游消费方式，更富有文化内涵和品牌号召力的 IP 开始融入文化旅游业转型升级进程，以满足消费者日益增长的多元化文化旅游休闲的需要，为文化旅游业提供了转型新动能。IP 在文化旅游营销中具有特定的品牌效应，所形成的企业、产品等个性化标识更是提升文旅产业发展水平的重要组成部分。仔细分析川藏地区拥有的 IP 资源，会发现当地民族节庆旅游活动融合了宗教、仪式、服装、美食、体育、音乐、舞蹈、娱乐、商贸等多种文化元素，是一个不可多得的集大成的民族文化平台，开发利用的价值非常高。但目前在川藏地区的旅游资源中，最具知名度也最吸引各地游客的莫过于雪域高原的自然风光，而民族节庆旅游活动的开发和利用尚未得到足够的重视。

因此，借助当前川藏地区旅游业与文化产业协同创新发展的趋势和做大做强文旅产业的新思路，将旅游业与节庆旅游活动这二者融合创新发展后所得到的节庆旅游业，作为发展川藏地区文旅产业的重要抓手，将节庆资源，尤其是民族节庆的活动内容与传统旅游活动进行整合，打造基于民族节庆旅游活动的川藏旅游营销平台，能够大大提升川藏地区旅游产品的内涵。在良好的发展环境下，川藏地区有着悠久历史传承，适应市场需求的节庆旅游活动应该逐步发展和壮大，成为有品牌、有形象的代表性节庆旅游活动。通过大力发展节庆旅游产业，丰富川藏地区的旅游产品体系，为川藏地区全域旅游的发展提供一条可供选择的路径，为川藏地区的社会经济发展做出应有的贡献。

参考文献

[1] GETZ D. Festivals, special events and tourism[M]. New York: Van Nostrand Reinhold, 1991.

[2] GETZ D. Event Studies:Theory,research and policy for planned events. Amsterdam: Butterworth-Heinemann, 2007.

[3] GOLDBLATT J. Special events: the art and science of celebration. New York: Van Nostrand Reinhold, 1990.

[4] PRENTICE R, ANDERSON V. Festival as creative destination[J]. Annals of tourism research, 2003(1): 7-30.

[5] SILVERS J R. Professional event coordination[M]. New Jersey: John Wiley &Sons, Inc, 2004.

[6] ALLEN J, et al. Festival and special event management[M]. New Jersey: John Wiley &Sons,Inc, 2005.

[7] ROY CHRISTIAN. Traditional festival: a multicultural encyclopedia [M]. Santa Barbara, California: ABC-CLIO, Inc, 2005.

[8] TORKILDSEN G. Leisure and recreation management[M]. London: Routledge, 2005.

[9] GETZ D. Event tourism: Defination, evolution, and research[J]. Tourism management, 2008(3): 403-428.

[10] PARK J, LEE G, PARK M. Service quality dimensions perceived by film festival visitors[J]. Event management, 2011(1): 49-61.

[11] SKINNER B E, V RUKAVINA. Event sponsorship[M]. New Jersey: John Wiley &Sons, Inc, 2003.

[12] 赵东玉. 中华传统节庆习俗研究[M]. 北京：人民出版社，2002.

[13] 常建华. 岁时岁日里的中国[M]. 北京：中华书局，2006.

[14] 戴光全，张骁鸣. 节事旅游概论[M]. 北京：中国人民大学出版社，2011.

[15] 林继富. 永远的太阳——西藏节日文化觅踪[M]. 拉萨：西藏人民出版社，2011.

[16] 陈立明，曹晓燕. 西藏民俗文化[M]. 北京：中国藏学出版社，2010.

[17] 李春雨. 藏羌文化与民俗[M]. 成都：西南交通大学出版社，2014.

[18] 琼达. 西藏民俗旅游文化[M]. 北京：中国社会出版社，2016.

[19] 丁玲辉，觉安拉姆. 西藏民俗体育与游艺[M]. 拉萨：西藏人民出版社，2017.

[20] 魏强. 藏族宗教民俗研究通论[M]. 北京：中央民族大学出版社，2016.

[21] 德吉草. 四川藏区的文化艺术[M]. 成都：四川民族出版社，2008.

[22] 沙成禹. 西藏文化旅游产品开发研究[M]. 上海：上海人民出版社，2016.

[23] 李巍，刘润. 藏区旅游小城镇社会空间结构与演化[M]. 北京：科学出版社，2016.

[24] 戴晶斌. 西藏特色文化产业理论与实践[M]. 上海：上海人民出版社，2015.

[25] 阿绒甲措. 藏族文化与康巴风情[M]. 北京：民族出版社，2004.

[26] 郑长德，等. 四川经济地理[M]. 北京：经济管理出版社，2018.

[27] 嘉雍群培. 藏族文化艺术[M]. 北京：中央民族大学出版社，2007.

[28] 旺宗. 拉萨地区节日的发展演变及其民俗文化内涵分析[D]. 拉萨：西藏大学文学院，2008.

[29] 戴光全，马聪玲. 节事活动策划与组织管理[M]. 北京：中国劳动社会保障出版社，2007.

[30] 梅劲援. 节庆旅游的环境影响研究[D]. 上海：上海师范大学，2009.

[31] 王文章. 非物质文化遗产概论[M]. 北京：文化艺术出版社，2006.

[32] 刘沙沙. 基于消费者视角的旅游节庆品牌价值评估研究[D]. 成都：西南财经大学，2012.

[33] 谢新丽. 旅游节庆活动策划与管理[M]. 北京：中国旅游出版社，2016.

[34] [美]盖伊·马斯特曼，[英]艾玛·H. 伍德. 节事营销传播[M]. 范

徽，等，译. 上海：上海人民出版社，2008.

[35] 唐静. 甘孜藏区文化旅游产品的开发研究[D]. 成都：西南交通大学，2007.

[36] 王良艳. 九寨沟藏民族文化旅游资源开发研究[D]. 成都：西南财经大学，2011.

[37] 郑建瑜. 大型活动策划与管理[M]. 重庆：重庆大学出版社，2013.

[38] 张杨. 区域旅游节庆品牌的策划[D]. 福州：福建师范大学，2008.

[39] [美]杰克·西瑟斯，罗杰·巴隆. 广告媒体策划[M]. 闰佳，邓瑞锁，译. 北京：中国人民大学出版社，2006.

[40] 徐丽莎. 节事活动策划与管理[M]. 杭州：浙江大学出版社，2013.

[41] 邹统钎. 旅游目的地节庆事件策划经典案例[M]. 北京：经济管理出版社，2017.